2014
性格正能量

王小亚◎著

西藏人民出版社

图书在版编目（CIP）数据

一本书学好心理学/王小亚著.
—拉萨:西藏人民出版社,2014.1
ISBN 978-7-223-03380-0

Ⅰ.①一… Ⅱ.①王… Ⅲ.①心理学－通俗读物 Ⅳ.①B84-49

中国版本图书馆CIP数据核字(2012)第049500号

一本书学好心理学
2014性格正能量

作　　者 王小亚
责任编辑 袁勇芳
策　　划 天利文化
封面设计 面团
内文排版 百朗文化
出版发行 西藏人民出版社（拉萨市林廓北路23号） **邮政编码** 850000
北京编辑发行部：100013　北京市东土城路8号
林达大厦A座13层　电话：010-64466526
打击盗版：0891-6930339　13801174584
印　　刷 北京嘉业印刷厂
经　　销 全国新华书店
开　　本 16开（720×1 000）
印　　张 15　**字　　数** 300千
版　　次 2014年1月第1版第1次印刷
标准书号 ISBN 978-7-223-03380-0
定　　价 32.80元

2014

性格正能量

目录

三、附录
2014年重要提示

性格正能量综述

从山穷水尽到柳暗花明的巨变之年

如果你期待生活中多点刺激，那2014年绝不会令你失望。这一年将以7月为分界点，划分出冰火两重天。上半年跌宕起伏，世界局势冲突四起，经济动荡进一步加剧，几乎所有人都会面临着生活的巨大转折，有些人顺势而为主动开创自己的未来，也有部分人眷恋着过去的旧时光，却被潮流推着踉跄前行。而到了7月，火星和木星移动了位置之后，紧张星象得到了缓解，取而代之的是下半年一片生气勃勃的新气象。

今年的1月、4月和5月，众多冲突星象会不断在白羊、巨蟹、天秤、摩羯这四个星座内出现，除了土星和海王星之外，其他八个行星都会卷入互相刑冲的战团。无论世界大局还是个人生活，都会随之发生重大变化及转折。各种意外事故、各国内外冲突、经济动荡等现象频频发生，而人们跳槽、婚恋分合等大事也会集中在此际。

2014年最激烈的动荡莫过于各种思潮、舆论间的碰撞，以及在虚假繁荣表面下暗藏着陷阱的经济状况。

通常情况下，人们总是倾向于保持自己已经习惯了的环境，哪怕对这环境也心存种种不满。但在2014年，变化的呼声将越来越强烈。特别是在1月和4、5月间，各种社会冲突、争端频发，将引起广泛的反思和舆论浪潮。对生活安定保障的期盼将成为焦点，食品安全、医疗、福利方面的法律法规和配套措施将得到充分探讨，甚至可能经过重新审议之后发布全新版本。

新兴事物必然会与传统惯例发生碰撞，新的想法常会有不成熟、草率的一面，有时也难免存在些想通过变革来浑水摸鱼的群体，而一些长久存在的问题要改变起来确实也没那么容易，会牵涉到方方面面的利益，导致各方意见难以达成一致。这些会导致各传媒平台和出版业对发布内容方面的审核更严格。

经济方面会出现表面转好的势头，也会爆出一些利好消息，特别是关于工资收入、房地产方面。然而实际上这些消息真假难辨，有的是实实在在的喜讯，也有些则是为了达到其背后的真正目的而做的虚假文章。例如将前景描绘得花团锦簇，以便将手中积压的股票、各种资产高价脱手。一些本是利好的策略可能执行的时候遇到了阻碍，具体执行的部门和人员还是习惯按照老一套办事。

今年婚恋、合作等各种人际关系也面临着洗牌。我们会听说一些公司重组、行业巨头之间互相收购、合作与拆分的重磅新闻，明星婚恋的分分合合也颇吸引眼球。尤其是白羊、巨蟹、天秤、摩羯、金牛和天蝎这6个星座的人更是处于风暴的中央。

在人身安全方面，要特别小心交通意外，以及各种因为精神和情绪疾病导致的冲突。今年在新闻中我们又将看到一些因为生活压力、人际关系矛盾导致情绪爆发，最终酿成悲剧的事件。上半年尤其得小心突发意外、火灾、爆炸等事故。

虽然 2014 年，特别是上半年，将是相当混乱而动荡的时期，然而各个管理部门及人员的维稳工作却做得十分出色，能有效地使局面和人心恢复安定，保持整体事态不至于失控。

到了下半年，在 7 月，随着木星和火星陆续换位，星象开始恢复和谐，之前杂乱的能量归拢为一股积极向上的势头。各行各业恢复生气，将从上半年的废墟中出现新生的苗头。例如一些失败的项目和公司进行新一轮尝试，失业者重新找到出路，之前经受了感情折磨的失意人的内心伤痛被新的恋情逐渐治愈……

一些龙头企业、各行业中的精英们会是下半年的主角，他们发挥出领袖风范，给其他人树立了榜样和信心。娱乐行业格外发达，会出现不少成功的影视、综艺、歌舞节目。特别是暑期档将格外火爆。

9、10 月份，各种涉外及教育类事务将如火如荼，如进出口贸易、旅游、留学、移民、签证等方面将喜讯频传。这个秋季社交气氛十足，无论是个人的交友、婚恋，还是各群体、组织间的合作、建交、展会，都会在此时集中出现，也许我们还能看到一些类似集体婚礼、大型相亲交友活动的举办。

当一切逐渐上了正轨之后，年底最后两个月的气氛将干劲十足。人们都充满干劲地为了自己的新生活而努力。当 12 月 24 日土星进入射手座后，将有效遏制一些浮夸、虚假、过度急进的势头，人们会以更务实的途径来实现理想和目标。

2014性格正能量

白羊篇

Aries

打破僵局，开创属于你的未来

今年，又到了你们发挥战士天性的时候了。这是新旧更替的一年，作为十二星座中的领头羊，你们得顶着压力去打破现状，让新鲜空气进入你们的生活。你们将不得不孤军奋战，用实际成果来突破事业的瓶颈，让家人的不理解改观。不少白羊还面临生活圈子乃至感情关系的大换血，但到了丰收的秋天，你就会明白这一切都是值得的……

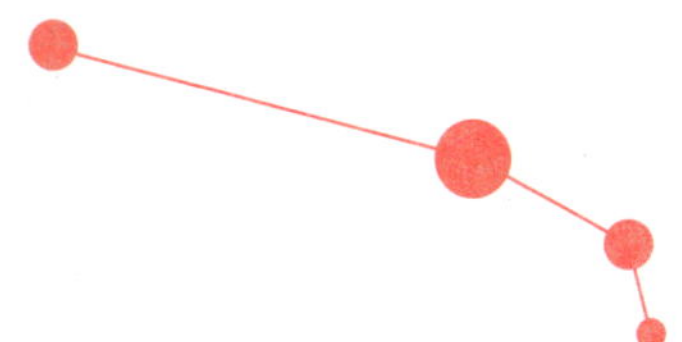

♈［事业篇］

解析白羊座的事业症结：
不要让勇于开创变成急功近利

作为黄道十二星座中的第一个星座，白羊们就如初生婴儿一样，本能地将自己的个人需求摆在第一位，很少会瞻前顾后想一大堆。你们的勇气也正来自于此，当设定好目标后，你们就会一味朝着它直线前进，很少看得见其他，这既可以称作勇敢，也可以称作鲁莽。

因此没有比白羊更适合做先锋的人了，你们有勇气去尝试别人不敢走的路，特别是去一些刚起步的公司、自己创业、开拓新市场、负责新任务，或是做一些内容多变、不断出现新挑战的工作。这样就能不断地看到新进展，满足你们的成就感。即便失败了也不会因此就变得胆怯，下一次遇到机会仍然能迎难而上。你们对未来有许多想法，若周围工作环境无法跟上你们的脚步，甚至公司的规章制度、习俗或上司管理风格扼杀你的活力时，你们就会想反抗，要么获得你们想要的，要么就离开去寻找合适的工作。

在工作中白羊可不是受气包，所以某些需要考虑大局、牺牲小我、忍辱负重型的行政、协调类工作会让你们觉得处处受制。当工作中遇到不公对待，在其他星座还盘算着“十倍奉还”时，白羊已经当场了断恩怨了。哪怕因此得罪重要人物事后付出代价也无所谓，想说的话必须说个痛快才行。

说到工作效率，人们常常会想起摩羯和处女这两个公认的劳模星座，他们注重的是计划安排的合理性和意义，以确保时间都被合理运用，至于成果究竟何时达成，他们倒并不着急。因为他们相信过程既然正确且合理，那么迟早能取得好结果。

白羊其实也重视效率，但却和摩羯、处女相反，你们更关心什么时候能看到效果。若采用某种方式有段时间后仍然没达到预期目标，你们就会思考这种办法是否靠谱，于是去尝试新的途径。然而成功并不仅是用对办法就可以，它也需要时间去酝酿，甚至还有运气和时机因素。所以你们不缺乏创新和拼搏精神，却因为急于求成，总在品尝到成功果实之前就草草放弃，看似在不停忙碌，但其中无用功不少。这种急迫感还常给周围人留下急功近利的糟糕印象。

2014年白羊座事业运：求新求变，独立作战

白羊座是个具有开创性的星座，你们体内流着战士般的血液，敢于改变令自己不满的环境。也许 2013 年下半年在你的家庭中发生了不少值得庆贺的事，所以你越来越享受能在家舒舒服服享受的日子，几乎让你有些安于现状。今年，宇宙又将催促你启程，许多人生变动等待着你去开创一个新的未来。

这些变化几乎包括了你生活中的所有重要领域，事业、家庭、婚恋，以及你的心，这些事会同时牵扯你的注意力，让你忙于应付。从

2013年12月底开始，你就发现自己开始有些心浮气躁，客户、同事格外令人恼火。在你还想继续好好享受新年里持续几个假期的安逸日子时，偏偏他们就总整出些意外的状况，让你不得不赶去救火。

今年的主题是求新求变，公司的管理层会发生些人事调动，这也许会带来如何站队的选择。尽管你对现状也有诸多不满，但旧队伍伸过来的橄榄枝又让你不得不考虑。也有部分白羊已厌倦了当前环境，一开年就琢磨着换东家。但做好无法马上离职的准备吧，可能你手头还有些任务没有完成，需要收尾的业务得在离职前收回账款以便结算。

打算换工作的白羊们可以多联络下猎头、旧朋友，甚至旧东家，这些人也许正好有合适的位置等着你。

今年对你们而言最难的是职场上的各种人际关系，即便你们换了工作，依然得面对这种棘手状况。你的上司，或工作中涉及的一些重要人物、相关部门会显得格外保守及严格，他们遵循老一套的流程，对你提出的一些新方案、新尝试不予采纳，更觉得你纯属没事找事。这让你觉得自己的工作效率严重受到了影响。同时你的客户、合作人却时常给你施压，认为你办事不力。你就像风箱里的老鼠一样，受着夹板气。更何况意料之外的变动总频频发生，让你感慨计划赶不上变化，总得费些额外的工夫令状况重新回到正轨。

在1月和4月，上述情况更是突出，你得保持灵活应变，因为今年有的是意外——当然有时也会是意外惊喜。1月是播下变动种子的时候，其结果直到4月才会显现。可能辞职报告直到彼时才生效，人事安排到了4月可最后确定等。4月15日的月食之后不久，也许你的某位女性客户、合作者会被调离岗位。

资金问题是另一个危机，特别是一些工作与之直接相关的白羊受此影响更是直接，例如销售、贸易、贷款、收费服务等岗位。相比往年，客户们把钱包捂得更紧了，单凭口才去忽悠是绝对无法糊弄他们掏腰包的。只有实实在在货真价实的商品质量、到位的服务、牢靠的信誉与实力才能让他们动心。一分价钱一分货，你要得到收益，就得提供等价的东西才行。

涉及贷款、拉投资赞助等吸纳资金的事同样是这种情况。别人可不会被你描绘得花团锦簇的前景轻易搞定，你得摆出相关论据进行客观描述，不怕冷眼多争取几次才能达到目的。尤其是5月，你的资金申请、应收款项催讨可能被频频拒绝或拖延。

天无绝人之路，从5月下半月起至7月中，你开始找到工作窍门，良好的沟通是解决困境的关键。这段时间你可能需要经常外出奔波，拜访各个相关合作单位及客户，常和同事们坐下来促膝谈心，真正敞开心胸去了解各方的需求和难处，从而找到尽可能两全其美的解决办法。长期以来紧张且意外频发的混乱状况，将随着你付出的这些努力而得到缓解。

到了8月，你终于可以好好松口气了。持续了整个上半年的紧张星象开始解体。首先在7月16日，木星进入狮子座。在未来一年里，它会使你的心情变得轻松、愉快、乐观，也能赋予你无穷的创意和灵感。从事表演、设计、创作、游戏、娱乐行业的人将能充分地发挥，你的灵感和表现力就像太阳的光芒一般闪耀，令人无法忽视。

火星在7月26日离开天秤座，让你的人际关系不再充满火药味。不必再担心自己的意见总是被对方否定，所以工作的进展也将顺畅起来。

整个8月就像是个假期，你将充分享受自由的乐趣，可能还打算度个假，或多花点时间给爱人和子女。如果你脑海中迸发出什么灵感，就赶快记下来，也许能派上大用场。

下半年你不必再把全部精力都花在工作上，你的家庭和情感生活更需要你，你将有大把的时间去体验生活乐趣和收获成功果实。

在9月，虽然还有些琐碎事需要去收尾，但不要把自己逼得太紧。可能你已经开始觉得自己的注意力难以集中，拖延症越来越厉害，身体时不时有些虚弱，这正是告诉你需要放松一下的信号。

10月是出去旅行的好季节，尽管水星的逆行可能会给你的日程表制造些变动，但在良好的星象和木星的支持下，这些变动并不会影响你的乐趣。若打算出去留学、参加培训班，同样会顺利。从事传媒、教育、文娱类行业的白羊们，你们的作品可能会在此时发表并获得好评。

10月26日至12月5日，白羊座的守护星火星来到摩羯座，12月下旬，太阳也将随后而至。在工作中，一切将重新纳入你的掌控之下，你找回了属于自己的节奏，干劲重新回到你身上。你会有一番大动作，如承担一个重要项目，或提交辞呈去开拓自己的新天地。

人们都注视着你的表现，所以你可能有许多技能需要重新充电学习。12月24日，土星进入射手座，未来三年，你的新课题将集中在心灵或肉体的远行上。去海外留学、升学或参加业余培训班、搬家、旅行，以及接触更多异地、异国的人，和他们的交流，也能为你打开一扇全新的窗口。

[理财篇]

把脉白羊座理财症结：找个替你善后的合作伙伴

由战星火星守护的白羊座毫无疑问具有勇士般的理财风格，风险不会让你们止步不前，利益长期稳定而安全地小幅增长却会使你们觉得乏味，想去另辟蹊径。因为战士就是为了攻城略地而存在的，可没耐心去长时间等待回报，太小的成就感无疑只会让你们这些战士觉得太小家子气。

领先一步，抢占先机是你们的优势，其结果也常是两极分化的——可能一夜暴富一夕成名，也可能连本带利都输掉。但你们并不担心这些，钱没了大不了再赚回来，战士就是在不断的战斗中才有存在的意义。屡败屡战，总有一次会成功。

所以你们的财务状况总是在上下颠簸，千金散去还复来，让旁人看着替你们捏一把汗，你们自己却充满信心。你们享受的是当下，包括这个拼杀、赌博的过程，以及一掷千金带来的快感。所以那些保底型投资、稳健的货币基金很难吸引你们。

你们并不擅长守成，对已经步上正轨稳定运行的投资会逐渐失去兴趣，因此如果能找个信得过的合作伙伴来帮你继续经营下去，好让你腾出手来去尝试新领域，那就再好不过了。经常冒险的你，也需要一笔保底资金来保证你生活无忧。当然你并不愿意考虑这些，所以不妨拿出一部分资金找个理财专家让他代为管理。

在开支上，你们不买则已，一买惊人，这全看你们当下的关注焦点在哪儿。赚得刺激，花得痛快，这就是你们对待金钱的态度。

2014年白羊座财运：
自给自足，资金紧张状况仍将持续

当新年开始时，希望你们手上有足够充裕的资金，特别是那些自己开公司和做生意的白羊。因为头几个月，你们会遇到不少意外的账款拖延状况，所以可得注意流动资金是否充足。

进入1月时，金星正在掌管你事业的摩羯座内逆行，你可能有些过去的财务账需要结算，如盘点一年收益，催讨或偿还旧债，也有些白羊正打算跳槽，所以需要好好核算的账目可不少。但眼下许多行星都在互相角力，让你做起事来格外容易节外生枝。各个环节配合度差，整个流程总是因为这样那样的理由而搁置，所以可能这些事得拖到3月才会陆续搞定。

木星在7月16日之前一直待在你的家宅宫巨蟹座内，在这里木星能充分发挥它的有利作用。你手中的房产没准会增值，在上半年不少白羊有搬家或买卖房屋的计划，不过其中一部分人是出乎意料地在1月或4月接到房东要求搬家的通知，搞得你措手不及。好在有木星的帮助，你最终都可圆满解决，找到令你满意的住处。从事房地产行业的白羊们更得抓紧这段时机来提高收入。

今年几乎一整年里，土星都在天蝎座内，它会给你的业务、贷款、债务等所有牵涉到他人资金的事制造些阻碍。这倒并不是说这方面的事都无法取得成果，而是你很难指望轻而易举就达到目的。例如申请贷款时会发现条件分外苛刻，审核也比往常来得更严格。在做业务、拉投资时，你得用十足诚意、货真价实、分量十足的产品、良好的服务态度、周详的前景规划才能获得对方认可。一分投入，一分收获，没捷径可走。

也有另一种可能性，那就是你可能从事金融、理财类工作，或正学习这方面知识，那么显然今年这方面的课题、工作量会大增，让你不得不花上许多时间来攻克难关，完成任务。

在 3 月，你可以继续进行之前搁置的交易，处理一些陷入僵局的财务状况。这个月对商讨业务、推销产品、扩大你的影响力同样有利，这是上半年里难得相对平静的一个月，有利于达成一致，以及解决各种分歧和争端。

4 月是今年最动荡的一个月，如果考虑提出加薪，或者想商讨业务、合作计划，买卖房产都不是合适的时机。可即便你想尽力避免，也许也挡不住别人主动来找你，还无法推托——那就得做好洽谈失败，甚至关系终止的准备了。

在 4 月 15 日月食后不久，可能你的某段关系将宣告终止。你也许会失去一个始终无法满足彼此要求的合作或业务伙伴，甚至有些已婚的白羊会面临分手局面，显然这些都会涉及一些财务清算事宜。4 月 29 日的金牛座日食，预示着随后 2 个月里你将有一大笔钱要付：信用卡账单、业务账款结算、合伙关系拆分或离婚时的财务分割清算……

从 6 月开始，你的财务状况将逐渐改善。6 月 10 日前后，你的收入将会增加。所以这段时间对申请加薪、商谈酬劳很有帮助。不过可能你仍有旧债未还清，所以眼下拆东墙补西墙的财务状况仍将持续一段时间。

7 月 26 日至 9 月 14 日，火星进入天蝎座，你的财运和开支都像着了火一样。它将大大刺激你的业务量，甚至你可能发几笔偏财，如得到馈赠、中个小奖等等，特别是在8月。之前悬而未决的业务、资产协商类的问题会在此时飞快得到解决。你的败家欲望空前强大，恋爱、准备婚事、以及子女方面的开销也相当可观。

下半年的好日子不少，另一段值得关注的时间是10月中旬。这份好运是来自他人的，所以你得多观察别人抛来的橄榄枝。也许有人会找你洽谈某个有利可图的合作或交易，或是给你送来份意外大礼，甚至请你一起去观光旅行！这是个愉快的季节，不过由于10月恰逢水星逆行，所以若要正式签署协议，可以放在11月再进行。

准备好充足资金吧，因为10月24日的天蝎座日食将又是个令你钱包大出血的信息。在其后不久，你又会有一大笔钱要付。特别是在10月24日至11月17日期间，可别去参与高风险的投机行为，那将令你蒙受损失。同时你的健康也有些令人担忧，没准医疗费用也是造成开销上升的因素之一。

12月24日，压在天蝎座内2年多的土星终于离开了，你的财务状况将随之轻松，因为你会发现别人对你变得慷慨起来。若你已有伴侣，则对方的收入不久之后也将改善不少，这将有效减轻你们的家庭经济负担。

♈［爱情篇］

写给白羊座的情感私房话：爱情不能只是你一个人的单人舞

白羊座人不管男女，在感情中都是无畏的斗士。当你们爱上某人时，在感情中会只看得见对方一个人，既专注又忠诚。盘算成功率、失败的后果、过程中的得失都是毫无意义的，那是懦夫的行为。陷入爱情中的你们首要任务就是先攻克当下这个目标，再考虑其他。即便是白羊女，也会毫不吝啬地付出自己的热情，采取主动攻势来向对方表白。

你们的征服欲使你们渴望在关系中扮演猎人的角色，而不是猎物。所以虽然白羊和其他火象星座（狮子、射手）容易一拍即合，但常因为都想占据主动权，无法激起对方的挑战欲，而始终停留在朋友阶段。

白羊的攻势让那些性格闷骚、被动的人无法抵挡，特别是巨蟹、天秤、天蝎、摩羯。当他（她）们尚左右摇摆不定时，你的热情就席卷了对方，让他（她）们不由自主地跟着你的节奏旋转。然而后续的相处才是最大考验，特别是和巨蟹及摩羯，你会发现对方越来越心安理得地享受你的好，认为这完全是你乐意这么做，因此他（她）们并没有反馈和回报的义务。

不善于转换立场去思考是白羊最大的弱点，在感情中同样如此。你们在爱的时候有些一厢情愿，总是以自己认为最好的方式来讨好对方，诚心可嘉，但弄得不巧却会招来反感而不自知。就如同对吃饱的人来说，你提供给他再多美食都无法引起对方兴趣，要想对方因为你的付出而感动，首先就得了解对方最想要的东西，或至少该了解下哪些事是会招致反感的，从而避免成为感情中的独裁者。

2014年白羊座爱情运：选择最适合的伴侣，孕育爱情结晶

2014年的上半年将是里程碑式的一个时期，会给很多人留下深刻印象，你自然也是其中一员。你可以回忆下2011年上半年曾经发生过些什么事，今年头几个月的情况会和当时类似，甚至更激烈一些。

从2013年12月起，你们白羊座的守护星火星会罕见地在天秤座内待上8个月时间，直到2014年7月底才会离开。无论从天秤座本身的含义，还是从它的黄道位置而言，对你们白羊来说，它都代表着婚恋关系。火星在此地会变得虚弱，并给关系带去不和谐的曲调。

你在感情中素来敢作敢为，把自己认为好的东西慷慨地给予对方，毫不吝啬自己的爱，同时也理所当然地认为对方会欣赏你的付出。你在关系中也常无意识地想去占据领导位置，希望两人的步调保持一致，认为你规划的蓝图自然是最正确合理的。

可是今年火星在天秤座的8个月时间里，你却在婚恋关系中有种一拳打到棉花上的无力感。若你还是单身，那在上半年可能闪电般地与某人擦出火花。但灿烂的焰火过后常常是令人失望的寂静，你可能随后便发现双方存在着太多分歧，从人生观到未来的计划，甚至平时的一些喜好、习惯都有很多不同。更有些人表达了爱意却得不到回应，原来，念念不忘，未必能获得回响。爱情不是买卖，付出未必有收获。

已有伴侣的白羊在上半年同样也面临着考验。你们俩的情绪和脾气

都有些不稳定，小小的导火索就能引发一场大战。在家庭和工作中你正经历着重大变化，所以对方的支持在此时备显重要，然而结果却让你失望。对方不是泼了冷水，就是自己忙得顾不上其他，忽视了你伸出的求援之手。其实这种感觉并不只有你一个人有，对方同样如此。白羊座人常有单向思维的倾向，很少去想对方凭什么非得和你想法一致。说到底，哪怕关系好得如同连体婴，你们也依然是两个有着自己思想的独立个体。

在1月，有些白羊可能会在职场上与某人擦出些火花，这感情有些令人尴尬，可能是公司规定同事间不得恋爱，或是其中一方本身就已经有了对象，无法许下什么承诺。这种意乱情迷的状态将随着时间推移渐渐平息。在2、3月份，你的社交开始活跃，能认识更多的人，这让你意识到其实你完全可以有更好的选择，不必继续让自己消耗在前景不明的恋情中。

4月的舞台有许多重头戏码上演，你的感情篇章也绝不会是风平浪静。几家欢乐几家愁，闪恋闪婚和突然分手都不是奇怪的事。你可能和与你完全不是同一个世界的人闪电般地坠入爱河，虽然明知双方的家庭背景，乃至这段感情的未来都谈不上有保障，但你依然愿意为爱去冒险。但希望你们两人至少已经有了充分的财务自由，因为窘迫的生计往往是最能磨损一段感情的，而眼下你和伴侣的经济紧张状况还将持续上一整年。

对已有恋人或已婚白羊来说，这是对感情来次集中清算的时候。过去你们在感情中积累下来的点滴小幸福或愈演愈烈的不满都将在此时做个总结。是迈入下一阶段走进礼堂、生儿育女还是在一场彻底的摊牌之后相忘于江湖？这都得看你们过去在感情中经历了些什么事。

冲动是最需要避免的情绪，尤其是在4月中旬。你们双方都有小题大做的倾向，或许在这段时期分开几天反而对感情更有利，免得将自己的不良情绪转嫁他人。因为此时的星象是几乎所有人都难以保持冷静，平时一贯包容伴侣坏情绪的人没准会出人意料地来次大反击，导致双方都难以下台，关系陷入僵局。

生日在4月15日的白羊面临的考验会比其他人更多。在未来一年里，你在感情中的安全感如同一个黑洞难以满足，会情不自禁地通过争吵甚至无理取闹来让对方用包容证明对你的爱。已婚的人们常常因为家务事爆发争吵，如果打算怀孕，更是务必注意保胎。

两个人的世界最好不要有其他人卷入，在上半年这易生事端的敏感时期，如果发生什么纠纷，最好私下解决，不必找上彼此的亲友团来助威，不然只会把矛盾扩大，导致无法收场。感情因为遭到家人反对也是上半年的危机之一，特别是在1月、4月，还有下半年的7月。

5月中至6月上旬，星象有助于进行良好的沟通。若想挽回之前因为一时冲动造成的误会，那眼下正是时候。

柳暗花明又一村，7月26日之后，你的情感生活将豁然开朗。火星终于离开了你的伴侣宫天秤座，使你在与人交往时能多些心平气和。而木星在不久前的7月16日进入狮子座，直到2015年8月11日为止，它将持续为你的生活带去爱与浪漫。如果在上半年，你刚经历了一段令人痛苦的恋情，那新的甜蜜能很快抚平它留下的伤痕。你得敞开心扉去接受新的能量，而不要让对过去的留恋蒙蔽你的双眼。

若打算要个孩子，木星在未来13个月里同样能给你们制造丰富机会。特别是在8月，“造人”成功率很大。已为人父母的可以多花些时间陪孩子一起娱乐，开发他们的创意，在这个过程中你将获得许多乐趣。

想度蜜月，或通过电话、网络诉衷肠，拉近你们的距离，那没有比10月上旬这个国庆长假更适合的了。整个10月对白羊来说都是爱的季节，别一个人待着，出去走走，多聚会，哪怕是去网络上交友，都没准能遇到有发展潜力的桃花。

10月8日将有一次月食发生在白羊座内，但这次星象十分和谐，在前后一段时间内，预计会有许多白羊突然传出婚嫁喜讯。

由于土星仍在天蝎座内，结婚、生儿育女这些喜事也会有经济压力伴随。特别是在11月，当你们喜滋滋地筹划着未来的幸福生活时，却发现支持这自在生活的成本着实比你们想象的还要高，需要两个人齐心协力从经济到精力的共同付出。所幸木星能持续供给你们乐观的能量，支持你们继续向前走，为你们自己想要的生活而在工作中付出更多努力。

如果你想寻求财政支援，如申请各种贷款、家人或伴侣的经济支持等，那就等到12月24日土星离开天蝎座后试试吧。到了那时，大家将更乐意为你提供帮助。

2014每月性格正能量——白羊篇

1月：

这是相当紧张的一个月。工作中许多任务一股脑儿地堆在你桌上，把你压得喘不过气来。与此同时，需要返工的旧任务、催讨欠款等遗留问题更加重了你的负担。部分白羊正筹划跳槽，即使按兵不动的那些人，也会因为公司上层人事变动而受到波及。种种事端都令你烦躁不堪，常对人表现出不耐烦的态度，甚至连伴侣也不得不承受了你的怒气。单身者也因工作太过忙碌而在感情上无重大进展。

2月：

工作中，之前被耽搁的项目将重新开动，拖欠的资金也逐一到位。可能某位老熟人会联络你，旧事重提，商讨曾经一度中断的合作计划。在 2 月上旬你可能会计划搬家、购房、装修事宜。而到了下半个月，在聚会和相亲活动中你也许将遇到令你满意的人选。有伴者若之前和恋人关系紧张，而今也将逐渐缓和破冰。

3月：

火星和土星在月初一起逆行，带来不少旧人旧事。若之前有什么未结清的款项，眼下正到了该催讨的时候。在一些社交活动中，也许会恰好与故人重逢，说不定还会有机会将友情升华为爱情。有伴侣者得留神自己在感情中爱翻旧账的习惯，永远认为只有自己占理的逻辑已让对方忍无可忍。在健康上，要留神旧病复发。

4 月：

你的人际关系将面临洗牌，若已有恋人，本月的紧张星象会令双方都相当坚持已见不肯退让，使关系处于破裂边缘。对其他合作与业务关系也有同样影响。本月也不利结识新人或举行婚礼。在工作中，上层人事变动也许会波及你，你会遇到一些棘手的强势之人，导致你工作进展阻力重重。家中可能有购房、搬迁、装修计划，多关心家人健康，月底你也许将因此支出一大笔钱。

5月：

经历了狂风骤雨般的 4 月后，从 5 月起你明显感到生活开始轻松起来。来到白羊座内的金星会增添你的魅力，眼下正是发展新恋情的时候，没准会与某人一见钟情。在下半月，你的言辞格外灵活且讨喜，轻易便能打动对方，这将为你谈情说爱、业务协商都带来很多便利。

6月：

通过近期成功的合作项目及业务量的增加，你的收入将有很大改善。此阶段也许还有家宅方面的喜事，例如家人给了你慷慨的经济支持、找到了价格合适的房产，或成功地将住所改建得更舒适。无论在职场还是生活中，即便与其他人发生意见分歧，双方也能本着大局为重的精神各让一步，达成一致。

7月:

眼下正值感情运最旺的时候，可得好好把握切勿错过。你会找到一个与你非常有共同语言的人，通过频繁的交流，两人的心会靠得越来越近。已有伴侣者会在此时宣布喜讯。下半月，进入狮子座的木星将在未来一年里为你的爱情加油鼓劲，也许不久后你就会升级为人父母。若你一直为购房欠缺资金而头疼，这个问题在月底将得到解决。

8月:

本月群星汇聚在狮子座内，许多白羊正沉浸在甜蜜的恋情中，或享受小生命带给你的快乐。在 8 月 10 日前后，你可能会收到突如其来的表白，或是向大家宣布结婚、生子的好消息。虽然这些喜事会给你带来一些经济压力，然而月底进入天蝎座的火星，会让你在申请贷款和经济资助上变得容易，解了你的燃眉之急。

9月:

也许是因为感情运的持续走高，使你比以前更关心自己的身体健康和外形仪态。本月你会开始实施某个养生、节食方案，好让自己维持好理想体态。工作中有许多细致活要做，例如核对账本、书写分析报告，你会完成得十分出色，并得到上司或其他重要人物的肯定。

10月:

这又是一个十分甜蜜的时期，所有人际关系在此时都达到了一种空前和谐的状态。无论是公事合作、商业交易还是恋爱，你都有着令人无法拒绝的魅力。单身者会遇到一些远距离情缘，或在旅途中、网络上交到了新朋友。对白羊们而言，眼下是今年最强的一波结婚生子高潮时期。

11月：

在你的婚恋与家庭生活已经完全步入正轨之后，显然你有更多时间和精力可以花在事业上。本月你极可能收到升职的喜讯，或至少是得到上司重用，去管理某个重要项目。你的出色能力让别人很放心将钱投资在你身上，所以此阶段，业务、理财、贷款等和资金相关的事都能得到你想要的结果。

12月：

在 11 月底至 12 月上旬，你也许会来次说走就走的旅行，在旅途中你会玩得十分尽兴，没准还会对某位旅伴产生好感。从下半月起，个人聚会和工作应酬都开始明显增多，使你接触到不少新人新圈子。年尾工作中各种收尾杂务将填满你的日程安排，尤其是一些文书、报告、资料汇总类的琐碎事务。你的工作内容会有很大变动，这要求你在未来相当一段时间里得学习不少新知识。

2014性格正能量

金牛篇

Taurus

好运气离不开好人缘

你们不畏艰辛，也不怕成功来得晚，然而很吃得起苦的金牛们今年面临的课题却有些棘手，因为你们得学会适应并解决好各种复杂的人际关系。无论在职场还是情场，关系的好坏将决定今年运势的好坏。感情从浪漫回归琐碎现实，分合就在一念之间。你得克服家庭内部的压力与分歧来争取他们的支持，你也躲不开挑剔的客户和上司。逃避不是办法，唯有勇敢面对……

♉［事业篇］

解析金牛座的事业症结：
用时间来说明你的实力

金牛座和天秤座都是由金星守护的，风象的天秤发挥的是金星抽象的一面，如通过好人缘与人际合作来为自己制造更多机遇。土象的金牛则体现了金星相对世俗的优势，即金钱与美。所以一部分金牛是向着理财、贸易类方向发展，而另一部分则活跃于能带来感官享受的各种制造和传播“美”的行业，如美容及相关的服务业、时尚、美工设计、广告、艺术、表演、美食、装修、园林等等。

除了摩羯之外，你们是十二星座中另一个喜欢慢慢来的星座。刚进入职场的金牛很难令人惊艳，你们虽然有耐性，友善，甘于埋头苦干，可常又显得有些反应慢和不善变通、固执己见，特别是在一些需要八面玲珑型人才的行业里常格格不入。你们不是那种能在一开始就获得上司青睐的人，但别失去信心，“路遥知马力，日久见人心”说的就是你们这类人。

如果有人认为平时沉默踏实的金牛座很好欺负，那可就错了。你们只不过是不轻易为小事发火，你们真爆发起来其实相当可怕，甚至不惜来个鱼死网破，惹急了你们绝对没好果子吃。金牛座固执，有时别人的正常批评和意见却会触犯到你们的自尊心，牛脾气发作起来可就得不偿失了。

你们习惯守旧，对新事物接受起来没那么快，所以会让人觉得你们懒惰而反应慢。因此最好不要频繁变动工作，这样才有足够的时间让别人了解你的优点。你们对自己的目标很能坚持到底，别因为别人笑得好而羡慕嫉妒恨，能笑到最后才是本事。

2014年金牛座事业运：克服职场勾心斗角，寻找更好的环境

金牛座是除了摩羯之外另一个喜欢安稳的星座，甚至比摩羯更讨厌自己的办事节奏被打乱，没有比一直待在自己熟悉的环境里更令人安心的了。如果你也是这类典型的金牛座，那 2014 年对你而言，可真不是一个可以舒舒服服过日子的年份，尤其是在头 7 个月。

可能在 2014 年来临前夕你就有这种预感了，因为火星从 2013 年 12 月初起就进入了掌管你日常工作情况和健康状况的天秤座。火星所及之处总会制造些变化和风波，通常它在每个星座内只会待上约 2 个月的时间，然而这次，它在天秤座会逗留近 8 个月之久，其间又同白羊座内象征意外变动的天王星屡次形成对冲角度，于是自然有足够的时间和机会来给你的职场带来震荡。而职场的不稳定及压力，会导致你的作息紊乱，健康也受到一定影响。

今年你在工作中最棘手的就是各种人际关系，包括和客户、合作伙伴及其他同事。土星几乎全年都在天蝎座内，你会觉得自己受到了苛刻的对待。上司、客户对你的要求仿佛总比对别人来得更高，你明明已经

比别人更努力，但却依然无法使他们满意。

本身并不擅长同人打交道的你，如今却偏偏有更多需要与别人共事的时候。比如原本只想安安稳稳地做些行政、资产管理工作，却被派去干接待、营销、客服。但往好的一面看，这种被迫改行也帮助你了解到自己其实有更多的可能性。当你适应了别人对你的高要求后，就会发现自己也突破了能力瓶颈，能胜任更高难度的任务。

上述这些情况也许自从2012年底开始就已经如此，但在2014年仍将持续。而且由于火星将在天秤座内待到7月底，这会使你的职场多出些火药味。不仅是你，也包括你的同事们，忍耐力似乎都已耗尽。你们很容易被激怒，对看不惯的人和事不再忍耐，这难免引起一些争吵和冲突，特别是和男性同事的关系会更紧张。

有些金牛如果一直觉得自己被不公正地对待，觉得和周围人越来越难相处，那么在这7个月里，你们必然会选择果断摆脱这个烦人的环境，哪怕在没找好下家之前就裸辞也在所不惜。

2014年一开始可能就有不少金牛将这个想法付诸行动。1月对于许多金牛来说是个为过去一段日子画上句号，选择离开的时候。有些人也许会在又一次工作争执之后提交辞呈，离开让自己的心情越来越糟糕的旧环境，给自己未来一年留点新希望。新的工作很可能需要你离开熟悉的地方，去异地就职。

学习是你们另一个重要的新年计划，即便是已经工作的金牛，也会考虑重返校园，甚至是出国留学开拓下眼界，至少也会报个业余培训班之类，以便增加自己在就业市场上的竞争资本。或者在入学、再就业之前，来一次长途旅行，放松下最近一直紧绷的情绪也是不错的选择。

直到5月中之前，工作或学习中所有和文书、资料、信息、物流运输相关的领域都必须仔细行事，并尽量留出时间余地和备用的补救方案。因为木星、天王星和冥王星之间一直持续的紧张关系会给这些事制造许多意外。可能你在书写文件、考卷时发生了疏漏，或是在审查某些资料时漏看了一些细节条款。出差和旅行也得做好日程安排或准备好相关手续。

4月是另一个需要重点关注的时间。你们将经历一次职场震荡。如果并没打算跳槽，那起码公司中也会有重要的人事变动。不少一直在筹划离职的金牛，此时会正式离开原工作岗位。若想尽快找到满意的新工作，可以向你认识的朋友或猎头求助。工作的变动也许会导致你需要搬离原来的住处，或召开家庭会议，一起商讨未来计划。这种情况极可能在4月底或5月发生，做好无法得到所有人支持的心理准备吧。

今年以来一直紧张的人事关系将从5月中至7月逐渐有缓解迹象，这很大程度取决于你自己所做的积极努力。之前几个月的经历会让你明白“人和”的重要性，一味按照自己想法去干是不行的，你不可能一个人单枪匹马把所有事都包揽了。所以你会开始学着放低姿态，去寻求别人的理解和支持，也学会了打太极，忽略那些没必要争个谁是谁非的问题。伸手不打笑脸人，示弱有时会获得更好的结果。尤其是7月底至9月中，客户或其他合作共事者会相当顽固难应付。

7月16日，木星进入了狮子座，它会在此地待上一年。所有和家庭、房屋、土地相关的事都会有好运。所以如果遇到什么麻烦，可以和家人，尤其是父母多商量，他们很乐意给你支持和安慰。若你的工作本身就和房地产、建筑、家用物品之类相关，那自然能受到更多有利影响。例如你新任职的地方恰好是属于这些行业的公司，或者成功地接下相关的大项目、有利可图的业务。

到了10月，你的工作将正式走上正轨。一直未曾找到满意工作的，在10月就能收到好消息了。由于这个月还会遇到水星逆行，所以如有可能，最好将工作或业务合同在9月或11月签署，因为此时签的约常容易发生些意外变化。当然若实在无法避开，我也不建议因为莫须有的可能性就放弃好机会，但你得看清各项条款，并考虑意外的可能性，并将责任分担条款列入合同之中。此时找到的新工作会让你的收入显著提升，新业务带来的收益也将是立竿见影的。

即便是那些仍在念书的金牛，或是因为结婚、生子等因素而赋闲在家的金牛，也不必担心会错过这个良好的运势转机。家人给你的支持能让你的日子好过得多，学生们也会在学业上取得进步。

在11月多经营下自己的人脉吧，也许这会占用你的闲暇时光，让你忙得顾不上家。但这是有必要的。因为12月24日土星会进入射手座，未来的3年时间里，你的资金状况会经受些考验，届时他人的支持对你将十分重要。

♉［理财篇］

把脉金牛座理财症结：坚持合理消费的标兵

金牛座常被认为是最会赚钱、理财的，但也常被取笑为是个抠门的星座。当别人在讨论买了什么、怎样花钱时，在一边的你们常会泼盆冷水，指出对方买的东西是多么不划算，应当如何消费，选择何种理财方式。当然你们全是一番好意，认为自己提的方案理所当然的该被人接受，谁知往往会取得反效果，别人非但不领情，还会在背后给你们扣上抠门的帽子。

这其实是理财观念不同。有些星座人花钱是图个开心乐意，至于性价比是次要的，也懒得为了找到更划算的方案而花时间反复比较。金牛的理财观则是将资源做最有效的利用，既然明明有更好的选择，那为什么不采用？何况这对你们而言并不会消耗多少脑细胞，在衡量比较的过程中还颇有乐趣。

只要值得，价格其实并不是问题。所以精打细算的人群里有你们金牛，一掷千金的吃喝玩乐享受一族中，同样能找到你们的身影。你们喜欢把钱花在能给自己带来美妙感官享受的东西上，例如穿着舒适、面料和质量不错的衣物，美食和美酒，健身和SPA，美容用品等。

金钱能给你们带来安全感，赚钱更是乐趣所在。凭着这股劲头，难怪金牛在理财上常能有出色成绩。但你们性格务实，虽然爱财，却并不冒进。所以投机性的炒股或高风险的期货并不适合你们。金牛喜欢一步一个脚印地去做生意，你们善于发现商机，所以经商或自己创业往往是个好选择。如果要投资，你们也会寻找基本面好的公司股票买入，不在意长期持有等待。如果有足够余钱，金牛还喜欢购买一处又一处房产。

你们替别人管理资产也很有一手，所以许多金牛会去财务部门、金融界、银行业就职，成为出色的专业人士。

2014年金牛座财运：机遇和考验都来自家宅

如果你的工作是和财务、金融理财、业务、贸易、代理、中间人等和金钱往来直接相关，以及其他能获得项目提成的工种，或是你正准备申请或已经背了一笔贷款，那么今年头5个月可够你忙活的。

在处理任何涉及金钱的合约、文件资料，甚至包括口头承诺时，你都得留个余地，做好事态发生反复的准备和配套备用方案。因为关于资金会遇到很多扯皮的事。特别是在1月，可能你会在早就准备好的申请贷款资料、合约中发现一些问题，这让你不得不重新将其修改。也可能是过去做的交易，如今对方却提出异议，或是货物在运输中遭遇延误等，导致无法顺利完成约定事项。虽然在上半年，业务量、询价依然会有增长，可履行过程中会状况不断，甚至会进入商讨赔款的流程中。

1、2月也是处理过去债务的时候，在中国的春节前后，显然有很多应收、应付账款需要了结。

如果你是学生或正打算求学，那在1月时可能就得开始准备相关费用了。不过好好努力的话，在上半年没准你能获得奖学金，或成功申请到留学所需的贷款及获得经济支持。有些已工作的金牛也许会发现你所在的公司还能报销部分学习费用。

对已婚或正在筹办婚事的金牛来说，学着管理家庭财务也不是件容易的事。单身时“一人吃饱，全家不饿”，可如今收入该如何支配、双方各应承担多少经济责任、要留出多少资金以供未来的预算等，都是要一一筹划和共同商讨的问题，其间要达成一致可要颇费番口舌。

如果打算跳槽或提出加薪，在4、5月你的言辞和文笔会比平时更具说服力，在那时提出更易达到目的。

7 月 16 日，木星将造访狮子座，并驻守此地整整一年，直到 2014 年 8 月才离开。你的房产可能会增值，将它出手能赚到一大笔。如果你正好想买卖房屋（因为今年结婚或离婚的金牛座都不少）、重新装修、换个租屋，那也容易拿到个令你满意的好价格。对于房产、建筑、土地、农业、家用品行业的从业人员，这更是十二年一遇的好时机，你的公司收益乃至个人收入都有望直线增长。要想投资的话，考虑下房地产股票也不错，当然，这还得参考下当前股市行情。

你的家人也很乐意为你的各种计划提供精神、经济上的支持，所以有事别一个人扛，找家人聊聊吧。

不过，即便走好运也要选择时机。上述这些木星带来的好运在 8 月和 11 月下半月会显得有些美中不足。当你同别人洽谈时，会很难说服对方给你需要的支持。对方也可能提出种种苛刻的条件希望你遵守。

9 月底至 10 月中和 12 月上中旬是财运最旺的时段。这份财运主要来自别人的帮助，而不是一个人埋头苦干。大家都很乐于在金钱方面给你各种方便和优惠，对于投资、业务、申请贷款等事宜而言也是最理想的时期——和未来相当段时间相比也是最好的。

因为 12 月 24 日土星来到射手座，此星座对金牛而言是掌管所有涉及他人金钱的领域。土星象征着压力、限制、紧缩、阻碍，即便最终能得到好的结果，其过程也是好事多磨的。所以你的资金会开始紧张。从别人口袋里赚钱可没那么容易了，拉投资、申请贷款同样也会遇到这种局面，你不仅得凭真才实学，更要费好一番努力才能争取到资金。面对资金紧张局面，你得更慎重理财。别指望有一夜暴富的偏财运，务必得避免投机行为，未来 3 年你是一分辛劳换一分收获，得脚踏实地才行。

♉［爱情篇］

写给金牛座的情感私房话：既平淡也极端的两面性

土象星座总是给人平静、淡定甚至过于冷漠的印象，让人觉得在感情中他（她）们也会是这般冷静，比起别的星座少了许多折腾，只余岁月静好。

实际上金牛座却有着更多可能性。你们的确有很现实理性的一面，在没有遇到挚爱的那个人时，相比追求心跳的火象星座及渴望体验爱情甜酸苦辣的水象星座而言，你们照样能安于平淡，选择个合适的人相伴。你们也不像风象星座那样需要自由和个人空间，婚姻中的柴米油盐并不是那么无法忍受。

但这一切都是在你们没有遇到真爱之前的模样。你们既可以是田边慢悠悠的老黄牛，也可以摇身一变，如西班牙斗牛场上看到了红布的愤怒公牛。与其他的土象星座相比，处女座多了许多顾虑，摩羯总是太在意世俗及众人的眼光，唯有金牛仍潜藏着野性。

当陷入感情时，你们有和天蝎座一样的强烈占有欲和不管不顾的劲头，但却比天蝎座少了些体察人心的敏锐。因此金牛在感情中常显得有些“轴”，类似白羊般的一厢情愿，一门心思地做着自己认为好的事，却对他人的反应很迟钝。若是有幸遇到价值观、喜好和自己很相似的人还好，不然常常当对方已经婉转地表示不喜甚至拒绝时，仍错误地将这信号解读成认可。

即便感情已经走到山穷水尽，对方的态度已非常分明，流露出赤裸裸的不耐烦，你们仍然撞了南墙也转不过弯来，正合了“钻牛角尖”这句俗话。因此金牛座的苦恋常常出人意料——平时表面看起来分明不是这样的人。

和金牛座相爱是幸福的，因为由金星守护的你们知道如何享受生活，知道让爱情之花长久芬芳还需要足够肥沃的现实土壤。你们能坚持理想，又足够接地气，不会一味追求空中楼阁。

都说金牛座抠门，其实你们只看钱花得值不值得。也许金牛不会大手笔地送 999 朵玫瑰来诉说自己的爱，但你们会送上实实在在的东西，从并不起眼但却实用的物品，到优质的大牌奢侈品，只要你们认为值得，就绝不会不舍得。

2014年金牛座爱情运：是甘于平常，还是毁于平淡？

2014 年几乎一整年时间里，土星仍一直都待在你的伴侣宫内。这是颗并不怎么受欢迎的行星，因为它所到之处带来的是现实、压力，并常常迫使人们不得不在受到种种限制的形势下去尽量达到目标。

很明显，土星的这些特性和大家梦想中的浪漫、甜蜜、轻松快乐的理想化爱情是截然不同的，它令我们更多体会到婚恋关系中必须承担的责任。所以如果你仍在渴望今年能有粉红色的甜蜜桃花运，那多少会有些失望。相反，若你对婚恋中的现实一面已经有了充分认识和心理准备，那倒没准能实现喜结良缘的目标。所幸，你们金牛本身就是现实的土象星座一员，这对你们并不是件难事。

典型的金牛座人往往并不是社交圈中的花蝴蝶，所以若单身的金牛们觉得自己的社交圈实在有限，平常日子就固定在两点一线的小范围中，那今年可以考虑去社交网络上碰碰运气，因为今年上半年的恋爱机会很可能出现“有缘千里来相会”的情况。在 1 月，你或许还会收到校友聚会的邀请，或是碰巧又联系上了某位老同学。那就积极点，去参加聚会吧，要不鼓起勇气让你的老同学为你介绍下对象也行。扩大交际圈才有更多可能性，特别是在 1 月和 3 月。

今年上半年，你也可能遇到职场恋情。若真有这种情况，那这段感情会伴随着不少麻烦。也许你所在的公司恰好禁止间员工间互相谈恋爱，所以你们两人不得不有个人选择做出牺牲，选择离职，要不然就得分手。爱情和面包之间的选择实在不好做。也可能你遇到了更尴尬的情况，如旧恋人恰好因为工作原因和你重新碰面，或是喜欢上了一位没有发展可能的同事，于是这种抬头不见低头见的日子实在有些难熬。

正在恋爱或已婚的金牛会遇到现实的考验。你常常会自问，眼下这段已无多大乐趣，甚至纯粹为结婚、为习惯而维持的关系是否有意义。没有鲜花，没有朦胧的烛光，有的只是柴米油盐和一地鸡毛。这段关系会让你考虑在工作方面做出些调整，有些原本两地分离的关系需要你换份工作才能真正在一起。眼下的工作也许无法应付因为婚姻生活而导致的开支猛增，你必须给自己充电，让自己更有竞争力，以便争取份收入更高的工作，好让婚后生活过得轻松些。

4、5 月是个决定感情路往哪个方向走的关键时期。尽管之前遇到各种琐碎的恼人问题，但仍有不少金牛在此时决定结婚。要注意的是，不管是结婚登记还是举行婚礼，务必不要选择4月15日和29日这两个发生月食和日食的日子，否则容易给未来的婚姻蒙上阴影。也有些人一直埋藏在心中的不满被4月的冲突星象和日月食再次激发，毅然鼓起勇气选择了分手，有时一个人的寂寞也好过两个人在一起的折磨。在5月有利交流的星象帮助下，你们很快能就分手相关事宜，乃至财务分割达成一致。

从7月16日起，到2014年8月，象征吉祥如意的木星将进入掌管你家宅的狮子座内。这预示着你的家庭中会有好事发生。家庭气氛变得和谐，你也会考虑通过买卖、装修或重新租赁居所来让自己的居住环境更美好。你的家庭很可能会增加新的成员，对单身者而言，这意味着在未来一年，你组建自己小家庭的愿望没准就会实现，而已婚者将品尝为人父母的滋味。

无论单身的还是刚分手的，不必担心自己会一直寂寞下去，因为7月后又将是另一番光景。在走出上半年情感动荡留下的阴影后，你会变得更积极。去结交更多朋友，遇到有好感的对象也不再被动，敢于主动表示心意。特别是7月至11月这段时候，即便是慢热如你，心思也将开始活络起来。

在8月和11月，也许你和家人在婚恋观上会有些观点分歧，例如被家人逼婚，或是父母并不满意你的恋人，而他们给你找的相亲对象又让你觉得与其格格不入，使许多年轻人困扰的房产问题可能也是矛盾因素之一。已婚者会和配偶在家庭责任分担、彼此处事态度和方式、与对方家人的磨合上遇到些不快。可别去硬碰硬，这只会让状况恶化。

这些分歧能否解决对你的感情走势影响颇大，从10月下旬到11月，在发生在你伴侣宫天蝎座内的日食作用下，你会看清自己的心意，以及感情对你的重要性。这又将是个几家欢乐几家愁的季节，有人决定走进婚姻殿堂，也有人黯然分手。

对于那些仍然坚持走下去的关系，未来几年你们的经济状况将是不容忽视的重点。12月24日，土星进入射手座，且会在此地待上3年时间。如何应对为这段关系所承担的经济责任？何时需要财务分清，何时得做出妥协不必斤斤计较，又该怎样解决婚后财政紧缩问题，这是你未来三年里的新课题。

2014每月性格正能量——金牛篇

1月：

忙碌的工作让你心情烦躁，某位男性同事、合作者或客户可能会给你制造一些麻烦，让你的任务进展极为吃力，体力透支，疲惫不堪。在中旬也许会突然接到个出差或培训的通知。此阶段不宜做出重大投资决策，也不适于购买昂贵物品，免得将来后悔。有伴者会考虑许下终身承诺步入结婚礼堂。单身者易在旅途或网络中被某位思想成熟之人吸引。

2月：

在上半月你会与许多人联络、交流，但却常遇到话不投机、观点分歧极人的情况，令你十分烦躁。外出奔波、旅行的机会亦是不少，可在木星与金星、冥王星之间的冲突，使你外出时易逢变故打乱你的安排，此外旅途安全也得多加小心。下半月星象能量变得和谐轻松，之前一直搁置不前的工作重新启动，可能在工作中还会有老熟人抛来橄榄枝希望与你重新合作。单身者也许会有职场恋情，或是某位同事热情地给你牵线搭桥当红娘。

3月：

在工作中你有机会充分发挥你的文采和得体风度，并获得不少赞誉。同时有可能也引起了某人的关注，擦出点暧昧情愫。有不少已告一段落的工作眼下又重新启动或需要返工，过去合作已久的客户会给你带来些新机遇。某位旧爱在此际也许会重新出现在你生活中，勾起你对往事的回忆。

4月：

工作、学业、感情等各方面的压力让你身心皆疲惫，频繁的奔波和出差导致你缺乏充足休息时间。眼下你的健康状况十分糟糕，可能出现失眠、焦虑、持续发烧等症状，也得小心旧疾突发。在这般压力之下，你颇有甩手不干的辞职冲动。多找人聊聊能有效缓解你的压力。月底也许某位男性亲友会离开你的身边。

5月：

在上旬你和上司或某位重要人物关系有些僵，双方都有些固执己见。本月你灵敏的商业嗅觉能发现十分有利可图的赚钱渠道，这很可能是一次合作或业务往来，并能在月底时正式确定下来。5月的最后一周也是提出加薪的好时机。本月你会遇到些职场桃花，但这段关系也许有些见不得光或不合公司规定，导致你不得不悄悄进行。

6月：

随着金星来到你金牛座内，令本月成为今年最好的月份之一。你将财路大开，之前付出的劳动、投入的资金都将在此时获得可观回报，业绩也步步走高。金星也增强了你的魅力，大家对你十分友善，你可能会收到不少聚会邀请或一些小礼物。显然你该把握这段黄金时间去谈个恋爱，或对伴侣说些暖心话。所有你在人际关系方面做的努力此时都有事半功倍的效果。

7月：

你的好运仍在延续，尤其是在财运和感情关系方面。你也许已遇到了某位和你相当有共同语言之人，无论聊多长时间都毫不厌倦。而已有伴侣的则会在此时商讨正式拜访双方父母、对家庭的设想、购房计划等严肃问题。下半月木星将进入你家宅宫，而火星会光临你的伴侣宫，同样，在此地的土星也恢复了顺行，它们将一起携手为你这两方面的事顺利进行保驾护航。

8月：

木星在未来一年里都将给你的家宅相关事宜带去好运。如果打算购买或租赁新居，必然会找到价格合适又满意的目标。家庭成员规模也会因为结婚生子等喜事而扩大。8 月中旬起，金星和木星两大吉星都出现在掌管你家宅的狮子座内，许多金牛会在此时传出婚嫁或搬迁的喜讯。但在商讨筹办婚事、买房装修等具体事务时，小心因为双方都想取得主导权而发生不快。

9月：

9 月初你可能会计划一次旅行，或突然接到出差、培训的通知。如果近期你在工作中易遇到一些强势的客户或合作共事者，不必急着用强硬态度去解决问题，等到 9 月下半月再进行协商效果更好。从 15 日起，资金流动变得频繁。一方面你的开支会因为应酬、婚恋、购房、装修等因素而急剧增长，另一方面你也取得了可喜的工作业绩，这份好运将一直持续到10月底，务必趁热打铁。

10月：

对于你的工作和财运来说，这是今年最有利的一个月。职场上所有相关人员都表现出空前同心协力的态度，使任务进展顺利许多。你的投资会在此时获得丰厚收益，因为出色完成了任务，毫无疑问业绩和奖金也会随之水涨船高。若还是单身，也许会和工作中共事或接触的人互相产生好感。

11月：

你也许会来一次长途旅行，很可能是同爱人一起，或是去拜访远方的老客户，若是单身，旅途中没准会认识有共同爱好的伙伴。也有些金牛正计划学门新技能、参加重要考试，或干脆准备远赴异国他乡去求学。这是放眼长远的一个月，无论是通过学习或旅行开阔眼界，还是和爱人一起规划未来，都正是时候。

12月：

你的事业将迎来又一次飞跃，这个年底你忙得不可开交，大多数是和钱有关，例如寻求资金贷款、拉升业绩、投资理财等等。这也是你未来近3年时间里将面临的新挑战。12月24日土星进入射手座之后几年里，你将为如何获得更多资金支持和怎样做好理财规划而费尽心思，所以利用本月有利星象来开个好头吧。土星离开天蝎让你的感情继续升温、加速，预计年末年初之交不少金牛将传出婚讯。

2014性格正能量

双子篇

Gemini

职场得意，情场动荡

世事总难两全，今年你们在职场和收入方面将是大获全胜的收获季，即便有些褒贬不一的舆论，也不足以动摇你们的成就。然而在情场上，却难免经历些风风雨雨。恋情要在俗世中扎根成长下去仅有爱是不够的，更得面临现实的考验。更何况爱和其他东西一样，也会发生变化。好在你们比其他星座更明白，变动并不等于是件坏事……

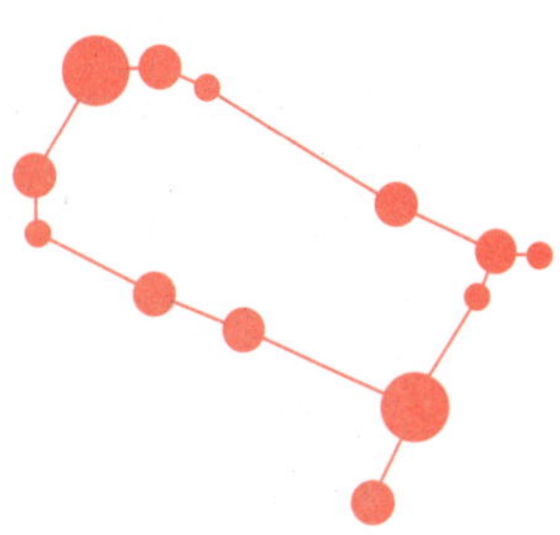

♊［事业篇］

解析双子座的事业症结：适合能自由发挥、多变而有趣的工作

双子座是个聪明外露的星座，在相识之初往往就能给人留下聪明、很有想法的印象。当进入一个新环境时，你们收集资讯的能力和容易自来熟、喜欢与人交流的天性，能帮助你们很快就对新环境熟悉起来。你们不习惯整天闷着头干些枯燥的工作，或者长期停留在无多少变化和新意的岗位上，需要应变能力的工种才更适合你们。

你们并不讨厌忙碌的工作，但和摩羯为了精益求精而努力不同，对双子而言，忙碌也意味着有事可干，不会无聊。甚至在对正职工作失去新鲜感，而时间又允许的情况下，有些双子也会选择正职和副业一起干，来满足自己对多样性的需求。

当社交中氛围开始冷场时，你们就会觉得莫名尴尬，迫切想做些什么去打破这种沉默，这也恰恰能帮助你们快速与人建立起关系来。所以销售、市场推广、导游、猎头、人力资源等这类需要和人打交道的工作就正好能发挥你们的特长。

你们也喜欢用语言、文字或艺术作品表达自己的想法，所以平时可以试着将自己的想法写成文章，把创作的作品发到网络上，没准就会被哪位伯乐看中，将你们的作品印刷成册或改编成影视剧正式发行。当然

双子座那对新事物、新潮流的敏感性，也很适合做个编辑或从事娱乐和时尚行业。

但你们的弱点是经常为了说而说，对自己表达的内容常常没经过仔细的推敲，一会儿一个想法，有时说多了，把这些观点放一起一看，常会自相矛盾，打了自己的脸。你们常会下意识地去反驳、去找理由提出异议，但这些借口同样没有经过仔细考虑，很容易被人驳倒。特别是当被批评时，这种反应会给别人留下喜欢用满口狡辩来推卸责任的印象。因此，政府公务员或规矩森严需要谨言慎行的大机构也不太适合你们，何况稳定而刻板的工作本身也会让你们觉得无趣。

2014年双子座事业运：尽情发挥天赋，享受丰收的季节

今年，当其他星座正面临着人生重大变动，怀着期待与忐忑开始新的生活之时，对你们而言，这却是一个收获的季节。因为你们早在2013年就播下了希望的种子，在幸运的木星持续助威之下，借着天时地利人和，如今的丰收自然是顺理成章的。

木星掌管着你的合作宫射手座和事业宫双鱼座，而从2013年6月底至2014年7月中，它又一直逗留在你的财帛宫巨蟹座内，这是木星能充分发挥它优势的地方，显然这三个和俗世功名利禄关系最密切的领域将在这段时间里受到木星的关照。

所以在2014年上半年，尽你所能充分利用过去积累的优势，在工作与收入上尽可能为自己争取更多利益吧。例如适时向老板提出加薪，

在面试新工作时大胆提出收入方面的要求。当然也许即便你什么都不做，也能看到事业上升带来的收益增长。特别是艺术、文化、教育、旅行、传媒领域，将是你特别幸运的地方。可能你某个作品终于公开发表，并带来丰厚进账。如果你是学生，那没准会凭优良成绩得到奖学金。若是名教师，显然会有更多人渴望成为你的学生。这些对于你们双子这个本身就能说会道、善于学习和表达自我的星座来说真是再简单不过了。

不过在1月逆行的金星会带来些美中不足的调子，可能一些应收账款被某些不守信用的人找借口拖延无法及时到账，而你自己也有一大笔信用卡或其他借贷债务要还，这些令你原本可观的收益打了些折扣。在你社交宫白羊座内的天王星也会制造些意外，例如你的工作成绩虽然带来充足的经济收益，但在口碑上却有些褒贬不一，一部分人会意外地对你唱起反调。

但你对自己获得的这一切问心无愧，因为象征严苛、辛劳、勤奋的土星自从2012年10月起就一直在你工作宫天蝎座内，自打那时起你就一改昔日随意的风格，开始认真付出坚实努力，你理应得到回报。土星在天蝎座内会一直待到2014年12月24日，所以显然今年你在工作中也绝不轻松，忙碌和压力将成为家常便饭，好在木星确保你的付出绝不会白废。

在2月你可以放松一下，此时恰逢水星逆行，不利于开始任何新计划和工作项目，外出旅行也会面临意外的日程变动，所以利用这段时间去学习或巩固些知识和技能来为日后打下基础是最合适的了，因为很快到了4月你就又将迎来事业的重大进展。

4月将是你今年最出风头的时候，有很多团体活动等着你参加，如各种业务洽谈、展销会，你的文艺或设计创作成果的公开发布，面向公众的演讲或教学活动等。当然纯粹为了娱乐的社交聚会频率也会直线上升。总之，你就是 4 月这春季中被众人包围的中心。可能早在 3 月你就得为这些事准备起来。

如此多的机会，仅靠你一个人会忙得分身乏术。所以今年你也可以考虑找个合作者、助理来帮你分担一下。因为木星也掌管着你的合作事宜，所以在 1~7 月当木星在巨蟹座内时，意味着你能通过合作来获得更多收益。特别是在 5 月，当你的头脑里不断冒出新鲜点子，却又懒得去管具体操作和实施步骤时，你就会发现有个细心实干的合作人是多么重要。

这还远远不够，如果你就此觉得心满意足，那可真有些浪费了今年星象对你灵感、表达和创作能力的加持了。5、6 月你的灵感和创意十分活跃，紧接着到了 7 月 16 日，木星来到狮子座，直到 2015 年 8 月 11 日它才会离开。这个位置对双子座而言，恰恰是掌管你们最擅长的交流互动、创作表达、思维灵感能力的，也和离家外出相关。所以除了延续上半年在艺术、文化、教育、旅行、传媒领域的好运之外，你会考虑经常出去走走，见识更多的风土人情，开拓眼界，从中发现灵感。

然而当木星在狮子座时，也会增强你言语中自信，甚至自大、鲁莽的倾向。双子座本身又是个经常嘴巴比脑子快，会未经深思熟虑就脱口而出的星座。今年上半年的好运更是让你对自己充满了信心，容易听不进旁人的意见，或是常不调查清楚就下定论，结果却被残酷的事实打脸。因此在未来一年中，得警惕得意忘形的倾向。

特别是从 7 月 26 日至 9 月 14 日，火星进入你的工作宫天蝎座内，工作量会陡然上升，你会忙得马不停蹄，心情也难免开始烦躁。不仅是你一个人有这种情况，与你共事的人也是如此。你们会有点苛刻和完美主义倾向，偏偏又都对己宽、对人严。这段时间职场中难免有些火药味，你甚至会觉得这个环境已经不再适合自己而萌生去意，这个念头在8月格外强烈。

8月至10月中，新鲜空气将进入你的社交圈。你会认识些特殊的朋友，他们往往和你以前接触的类型截然不同，会有其特殊的地方。他们的观念和行为模式将令你耳目一新，通过和他们交往将大大开拓你的眼界。这是一个相当愉快的过程，也许会令你冒出新的想法，大大刺激你的创作灵感。到了10月，可能你会和他们一起商讨新的合作计划或确立长期业务关系。正准备跳槽的双子，在10月的面试中也会给主考官们留下良好印象。

所以11月你有很多事要干，职场一派新气象，新的环境和人际圈子要适应、磨合，许多琐碎的事需要你一一落实。这段时间留神别过度操劳影响到健康。你得习惯团队中的不同意见，并发挥你在交流与协调方面的特长，同你的伙伴们一同圆满完成任务。因为到了12月24日，土星将进入掌管你所有人际互动、协作关系的射手座，这将成为你未来近3年时间里的课题。

♊［理财篇］

把脉双子座理财症结：
善用头脑的活跃型投资者

作为由水星这个信息之神守护的风向星座，你们对新事物总是充满好奇心。你们来这个世界仿佛就是为了了解更多的人和事物，每天都是值得去探索的新一天。而在这个俗世中，金钱是能为这个目的带来许多自由和便利的工具。所以你们往往并没有多强的金钱概念和欲望，你们不会成为金钱的奴隶，喜欢用钱去购买各种新鲜玩意、热门商品，或是去旅行、去买书来开拓自己的眼界，探索这个广阔的世界。

可新的商品、未曾去过的地方太多太多，所以你们手中的钱常不知不觉就没了影。好在你们适应性很强，富有富的活法，手头紧了也不会多焦虑。更何况你们还有灵活的头脑，总能很快想出赚钱的办法，可算是能赚会花界的典范。

双子座的特长就是反应迅速，论起对各种消息的敏感性，罕有及得上你们的。就和自己的星座名字一样，你们仿佛拥有比旁人多一倍的眼睛、耳朵和头脑，来接受各种新讯息，并以比别人快得多的速度来做出反应。你们也不会受思维定式的束缚，擅长随机应变。

因此，当市场风向诡谲多变时，恰是你们能展现自己天赋的时候。你们能敏锐地觉察出形势的变化，并及时调整自己的策略。甚至越是复杂的局势，反而因为出于好奇心，越能调动起你们更多的热情。你们喜欢活跃的理财方式，最适合短期就能见收益的投资模式，例如瞬息万变的期货、外汇，还有短期热炒的概念股票。八卦心和刺探小道消息的天赋也是助你们占得先机的优势。

虽然那些收益稳定、上涨空间有限的定期保险理财、保底型基金很难引起你们的兴趣，但最好能划一部分资金投入到这一块。因为追求立竿见影的快速获利往往也意味着高风险。求新求变会让你们常常会放弃有利可图的旧模式，去尝试新的可能性。这些会导致财务动荡，成为你们在理财上的最大问题。拿一笔资金去做安全型投资作为保底，留得青山在，才有继续玩下去的资本。

2014年双子座财运：抓住罕见好财运，合理规划开支

2013年下半年以来的旺盛财运将在今年继续延续，因为第一大吉星木星将在你的财帛宫内一直待到2014年7月16日。在合适的时机去做出相应的行动才能让收益最大化，所以要是上半年你觉得有什么赚钱机会，可别犹豫等待，因为这正是时候！

你的幸运来源之一是与人合作。可能会有人邀请你一起合作搞个有利可图的项目，或是发现今年宾客盈门，且客户们还特别慷慨好相处。“中间人”这个角色也将给你带来更多收入，要么你本身就是经纪人、中介、猎头这类职业，并在今年创下新的业绩纪录；要么就是这类人物能帮上你大忙，特别是一些来自异地、异国的人。此外就是如在事业篇里提到的那样，在艺术、文化、教育、旅行、传媒领域中也蕴藏着财富宝藏。

但今年上半年，星盘中也有与之完全相反的能量存在，在接受滚滚财运的同时，你也得做好准备面临高昂的开支。这种局面打一开年就会出现，特别在1月的上、中旬。在1月这个喜庆的月份，各种社交和家庭聚会、娱乐安排难免比平时来得更多，而今年的情况更是变本加厉，这方面支出有超出你控制的趋势。你也许新交了朋友、恋人，为了给对方留下良好印象而花了更多钱。对已婚的双子座来说，开支上升的主要原因很可能是因为孩子。没准你们惊喜地发现自己已升级为人父母，或

是随着孩子年龄增长需要升学和购买更多物品，所以相应的开销预算也是免不了的。

虽然你上半年有极好的财运确保你不至于被这些沉重开支压垮，可也不要太乐观，因为1月份逆行的金星会导致某些应收的钱款被延误，而你自己的信用卡债、欠款却又在此时到了截止期需要归还。所以最好提前准备充足的资金余额，以免现金流的周转出现问题。当然若有人欠了你的钱尚未归还，那1月金星逆行时倒正是理想的催讨时机。

在今年的1~4月，你得做好因为他人原因而导致你的资产发生意外变动的准备。例如某个朋友因为遇到些麻烦突然向你伸手求助，或是到了约定好的付款日子却因故改期，也可能是突然收到聚会邀请、结婚喜帖，让你不得不额外准备一笔钱来应付。幸好在3月上旬或4月中，会有一笔工作酬劳到手，或你的加薪请求得到了批准。

另一段需要注意的时期是在4月，4月15日的月食和大十字紧张星象会导致你有大笔资金支出。导致发生这种情况的原因有很多。也许你终于决定结婚，于是买房、装修、酒席会让你“大失血”。有些人的婚姻正到了山穷水尽的境地，在商讨离婚时难免牵涉到财产分割。已婚的双子们没准会收到怀孕的喜讯，有了孩子自然各种花费免不了。已有子女的则得为即将开学的孩子准备好一笔学费。或许你的某位男性朋友手头正有些紧，于是不得不向你开口请求援助。你或家人的健康问题同样可能是需要你破费的原因，当然未必是因为得了什么重病，也许仅仅是你觉得有必要花点钱去做下常规体检，再去买份保险。那段时间最好也别从事风险投机，你很可能因为不测的变化而损失一大笔钱。

从5月开始，动荡趋势逐渐变弱，开支无法遏制的情况有望结束。抓紧木星在巨蟹座里逗留的最后2个多月时间吧。你长期以来在工作中的付出将得到回报。你积累的好人缘和旺盛人气也继续发挥作用。朋友们很乐意拉你一起入伙去搞些能赚钱的买卖。你的作品会大卖，给你带来可观收益。

下半年你的财务状况和之前相比显得要稳定得多，你不必再担心像上半年那样总有意外的变动破坏你的财务预算。如果你打算搬家，或把房屋重新装修一下，那么从 8 月下旬至 9 月下旬都是物色新居和购买相关用品的合适时机，此时你容易获得较好的价格，而你的家人、伴侣也很乐意为你的计划提供资金支持。

10 月 8 日的月食将制造你今年最后一次钱包大失血，在整个 10 月，你的日程表上将满是娱乐活动。你也许会请朋友们一起来吃顿饭，给爱人和你的孩子们买些礼物。你有些冲动购物的倾向，但这一切都是值得的，今年你理应犒劳一下自己做出的成绩和付出的辛劳。不过从事贸易类、金融类行业，或平时喜欢炒个股搞点投资的双子们，可得小心一些意外状况导致的轻则钱款延迟到账，重则蒙受损失的情况。

最后两个月将为你的 2014 年画上圆满句号。除了工作的基本工资收入之外，对所有来自他人的财运也非常有利。比如，若你申请贷款，或向朋友借钱，很容易就能实现愿望。来自业务客户的订单将明显增多，之前的投资损失、借出去的款项如今也能收回。想碰下运气？那就去参加抽奖活动吧，没准还能成为幸运者呢。

[爱情篇]

写给双子座的情感私房话：有活力的关系比仅维持形式更重要

在对各个星座的感情评价中，双子座一直和它的对宫射手座一样，背负着“花心”的恶名。虽然你们常觉得很冤枉，自己明明并没有花心和玩弄感情的恶意，因为在感情一开始，谁不希望它能天长地久呢？

可话虽如此，但相对而言，你们又确实比其他许多星座少了些执着，多了些灵活和应变。当一段关系开始变得沉闷、刻板，两人间可供交流的话题越来越少，你的机智幽默总得不到对方欣赏时，你们也敢于去改变这个现状，为自己争取更好的未来，或是忍不住就变了心。

不执着，这原本可算是个优点，然而站在变化节奏慢于你们的另一方立场上，显然你就成了那个背弃诺言的人。曾经的诺言和感情难道是假的吗？显然不是。可安于一段已经失去生命力的感情也不是你们的作风。

作为本就象征流动性的风象星座的一员，双子座自然很在意关系中双方的良好互动，更别提你们的守护星水星还和思维、交流相关呢。你们喜欢头脑灵活或至少能欣赏自己风趣幽默的对象，最好对方还能使自己常保新鲜感，每一次和对方交流互动都能擦出火花来，并能包容你们的任性。这在关系初期容易做到，可不少人当关系稳定、进入婚姻被柴米油盐生儿育女包围之后，思想和见识常常开始止步不前。于是久而久之，你们就开始思索这样的生活难道得一直维持下去吗？

通常同属变动宫的星座——双子、处女、射手、双鱼，较能擦出火花且使关系永葆新鲜。虽然你们的观念也常有分歧，可对于喜欢交流过程更甚于结果的你们来说，争论也是一种很好的促进感情的方式。

善变的双子有时也会陷入苦恋，好奇心会令你们对一些难以琢磨的人感兴趣。例如天蝎、摩羯这类既有复杂和聪明头脑，又偏偏爱把想法藏在心里，说话总是留一半的类型。越是难琢磨，就越能勾起你们想了解对方的欲望。偏偏这两个星座的人又非常固执，你的说服能力对他们不太管用，而当他们认为辩论无法让你改变主张时，又喜欢采取冷处理的方式。对你而言，这就像茅坑里的石头那样又臭又硬。其他如巨蟹这种情绪多变，却总爱让人猜的类型也常令双子头痛。

2014年双子座爱情运：
不经历风雨，怎能见彩虹

今年你的感情篇章可真是跌宕起伏，有很多值得一提的事。首先火星自从2013年12月起就来到天秤座，那会对你的感情和子女产生影响。火星是颗不甘寂寞、难耐平淡的星，它既能点燃你的激情，让你敢于追求所爱；又会将你心中累积的不满引发，掀起一场风波。它罕见地将在天秤座待上8个月之久，直到2014年7月26日才离开，所以你得做好准备迎接这些风风雨雨。

在2014年的这7个月里，你可能会在电光石火之间陷入爱情迷阵。也许你一时意乱情迷，遇到一段短暂的情欲关系，或是喜欢上一个生活背景与你截然不同的对象。有些双子会卷入一些多角恋情，如被一些已经有了恋人并没打算与你专一交往的烂桃花追求，或明明有了伴侣的你却发现又对别人产生了兴趣。当然也有些双子是不幸地遇到了情敌插足。

总之你的感情之路走得并不容易，各种出乎意料的变化穿插在你的恋情之中，你的爱甚至有可能无法得到周围人的祝福。

有伴侣的双子们在关系中请控制一下鲁莽草率的倾向，你在关系中的抱怨如今容易带上咄咄逼人的味道，放在平时也许只不过是一些得过且过的小事，然而在2014年上半年，你和对方都有些小题大做的倾向，特别是一些涉及金钱的话题。

生儿育女是上半年里另一个焦点，这对一些盼望着赶快升级当父母的双子来说倒是个好消息，今年上半年你们很可能就会如愿以偿。但鉴于火星的不稳定和不良状态，要是怀孕了可得多注意保胎，谨防意外发生。而已经有了孩子的双子们，会发现带好孩子可真不是件容易的事，他们并不会完全听从你、按你的期望去成长，这令你常常控制不住内心的烦躁，更别提抚养一个孩子带来的经济压力了。

上述这些情况在今年的1月和4月将格外突出。在1月，经济问题也会成为影响你感情的重要因素。当恋情牵涉到婚姻时，往往就得面对许多现实问题，还常把双方家庭一起卷入。买房时双方各出资多少？买什么价位的房子？目前的收入能否为这段关系提供个光明且轻松的未来？小情侣的父母们是否满意？很多情侣爱选择在新年这个喜庆时期和双方父母会面，然而从1月至2月上旬都不是太理想的时机。放在星象压力相对小的2、3月，甚至推迟到5月后，情况还轻松些。

4月是感情的一个分水岭，4月15日的天秤座月食拉开关系转折的帷幕。这是结算因果的时候，关系究竟向哪个方向转变全看平时种了什么因。会有不少恋人在此时分手，也许是因为其中一方有了更好的人选，或是两人的感情终究敌不过现实因素，总之冰冻三尺非一日之寒，此时分手看似突然，其实不过是一直累积着，甚至被刻意无视的问题终于集中爆发而已。也有些情侣虽然同样遭遇重重考验，但依然坚持自己的选择，最终走到了一起。

4月满是出乎意料之事，所以若并未打算要孩子，那可得注意防范意外怀孕。而已经怀孕的、准备生产的，要注意安全，也许你的孩子会想提前看到这个世界。4月15日的月食和4月29日的日食当天，尽可能不要安排婚礼或分娩，这可并不是个好日子。

感情方面的震荡和考验会一直持续到6月底。无风不起浪，不必抱怨星象给你制造种种麻烦，它其实只是个导火索或催化剂，促使你们把心中一直渴望着的改变付诸实施——通过表白或结婚将关系拉近一步，也可能是说出一直犹豫着的分手宣言。

7月26日火星离开天秤座之后，你的情事将重回久违的安宁。即便在之前风波期中分手的双子们也无须太失落，平复下心情，明天又是一天。地球离了谁都照样转动，你仍会遇到开始新生活的机会，只要你不对人生放弃希望。

新的机遇来得很快，从9月中旬开始你的心又会逐渐活络开来。已有伴侣的双子若被之前结婚、生子、分歧等各种变动折腾得有些疲惫，那此时你们的关系将恢复激情和活力。单身者在今年这最后3个多月时间里，也许会被突如其来的蜜运打中。务必让自己多参加些群体活动，特别是去接触些新的圈子，光是关在家里是不会遇见新人的。

如果你在最后一季度里和某人擦出了火花，那这段恋情进展得会非常快。10月是你们今年最美妙的月份，在上半年刚经历情感伤痛的你们，此时终于云开雾散，一段新的恋情让你们重新燃起对生活的热爱。这是段甜蜜的时期，无论表白、见双方父母、商讨婚事，还是生孩子，眼下都是理想的时机。但得避开10月8日和10月24日的月食及日食当天。

除了10月，12月也是个彼此吐露爱意的好时候，特别是在月中。今年最后几个月，你得放开自己的胸怀，因为很可能这新的恋爱对象是和你平时喜欢的那类人完全不同的类型，或是你未曾想到的人。12月24日土星将离开天蝎座，进入掌管你婚恋关系的射手座内。土星的含义之一就是责任和约束，正在热恋的你们也许会考虑结婚，和对方一起分担和分享余下的人生。

2014每月性格正能量——双子篇

1月:

过去数月中你在工作中的持续投入到了此时将获得成功，这是盘点收益、接受嘉奖的丰收之际，也适合向老板提出加薪或在面试中为自己争取更好的待遇。部分款项可能会被拖延至2月才付清。感情中，经济因素或理财观念的不一致会成为矛盾导火索。上半年是怀孕高峰期，做好相应准备吧。各方面状况将给你的体力和健康带来考验。

2月:

虽然你十分想抽些时间去旅行，或学习些自己感兴趣的新知识，然而上半月正进行到紧要关头的工作，和日常琐事也让你脱不开身。之前被拖欠的款项、前期投资将陆续收回。这段时间对从事媒体、出版、教育、法律、涉外行业的双子来说格外有利。下半月火星和太阳、水星间的和谐相位让你终于有时间可以享受下生活，例如和爱人一起结伴旅行，在网络交友社区结识些志同道合的新朋友。

3月:

你十分擅长现学现卖，本月土星的逆行呼吁你将工作节奏放慢，进一步巩固自己的专业技能和工作成果。这是将你的业余兴趣进一步往职业化方向发展的好时机，从事文化、传媒、教育行业的双子们，眼下你的作品极有可能获得发表。在月中，某位大人物会注意到你的勤恳表现并加以肯定。旅行对你的感情有很好的促进作用。

4月：

你的收入会因为工作中取得的成果和上司的青睐而获得可观增长，尤其是从事文化、艺术行业的双子。此阶段人情应酬往来、谈情说爱和生儿育女让开销大增。但已有伴侣的双子在感情上也许会面临忠诚度和经济层面的考验，在月中尤其得避免冲动行事。

5月：

5月上旬水星进入双子座后，你会变得比平时更能说会道，这自然会吸引不少人的兴趣，这显然是扩大你的影响力、建立和深化各种人际关系的时候。尤其是感情方面，此时的你很容易就能打动对方。若此时恰好有什么作品要发布，那么也会获得一片赞誉。当然，这些人际往来和推广方面的事也会让你投入不少金钱。

6月：

相比之前在各方面主动出击、灵活应变的状态来说，本月你有些懒散倾向。你厌倦了喧闹的生活，更喜欢一个人拥有独处空间来做点自己喜欢的事，或仅和亲密爱人享受下两人世界。好在经过之前数月的努力，你的工作不需你费多少心就能安稳进行。也许这正是请个假休息下的时候。

7月：

你的能力和魅力将受到肯定，因而在上半月会获得不少能让你有表现空间的机会，例如发表演讲、撰写文稿、公开表演等，也有人邀请你一起来参与合作。在本月抓紧时间好好与爱人相处，向对方倾诉爱意吧，因为当 7 月 26 日火星进入天蝎座后，你的工作任务将陡然加重，未来一个多月里不会再有这般闲散的生活节奏了。

8月：

自木星在 7 月下半月进入狮子座后，未来一年你将有更多表现自己的机会，例如创作、撰写各种作品，演讲、教学、演出等更多传播或推广性质的活动，在这些方面你都能获得很好的反响，且能接触到一些与你过去交往类型完全不同的人。在天蝎座内的火星和土星的联合影响下，你将开始为期一个半月的工作繁忙期。月底你可能因为情绪急躁易和他人发生点口舌。

9月：

上半月你的工作表依然排得满满的，而家中可能正好有购房、搬迁、装修计划，让你不得不分心，事业家庭一起忙活。得注意一下健康，最近你可能有些体力透支。若在改建家居过程中需要贷款或资金援助，9 月上半月也易得到你想要的结果。下半月你会认识些有趣的朋友，参加各种活动，也许他们将给你带来事业新机遇。

10月：

本月请将感情放在第一位吧，所有行星都在支持着你，这样到了月底，你就会发现关系有了飞跃般的进展。你将有足够的信心和勇气来表现出自己最好的一面，说出心里话，并能得到对方热情的回应。10 月中是最适合约会、畅谈未来的时候了。你的孩子很可能在此时降临到这个世界上，如已有子女，他们也会为你带来许多欢乐。

11月:

你在工作中表现出来的细致和周到将获得大家的好评和上司的赞赏。你的创意性思维在近期十分活跃，甚至会想出不少能大大提高工作效率、获得更多资金支持的点子。在11月中旬，你可能会因为经济因素与他人产生一些不愉快，或是有不少社交应酬方面的支出。

12月:

这又将是喜讯频传的一个月，你会有更多共度甜蜜二人世界的机会，你们俩仿佛有聊不完的话。若仍是单身，在上半月也许会有某人令你一见倾心，或是表白成功而顺利地将关系拉近一步。到了下旬，你的购物欲格外旺盛，正好买些礼物准备在节日里送给亲朋好友吧。

2014性格正能量

巨蟹篇

Cancer

不破不立，转角看到新世界

你们最害怕的变动又要来了。即便明知完全有可能是往更好的方向行走，但已经习惯的旧领地被打破，仍使你们感到加倍不安。今年的家也是一副全新景象，有争吵，有压力，但也有为了新生活的努力。你选择的新路也许得不到所有人的支持，但今年的你，即便面临着重重阻力，也依然有为自己的新生活而争取的勇气……

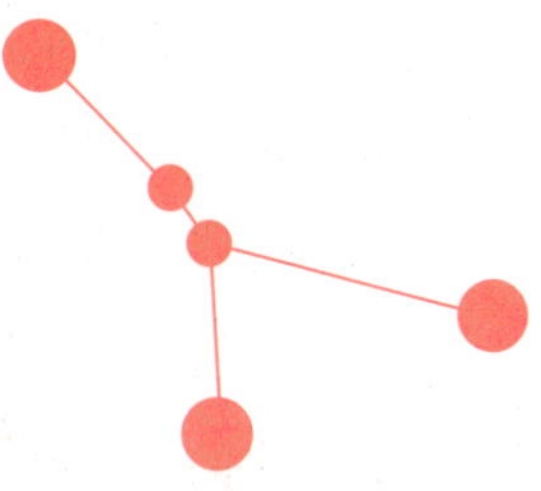

♋［事业篇］

解析巨蟹座的事业症结：善打温情牌，注意把情绪与工作分开

很多人以为那看上去亲和温柔、总是念叨着家庭幸福重要性的巨蟹一定没什么事业心，实际上也许你们的野心常常大得连自己都不想承认，因为你们乐于把自己打扮成无害温良的样子，“野心”这个词多少带着些攻击性，让人不适。

巨蟹是个很在意领地感的星座，因为只有在自己的领地里，才能获得更多的安全感。然而若你没有足够的地位、实力、财力，能拥有的领地和自在就很少。你们的对宫星座摩羯常把“现实”挂在嘴上，但行为却常流露出有些笨拙的温柔。总是说着情意的巨蟹一旦自身利益被触及，就会立刻敏感地挥舞起大钳。你们的欲望来自捍卫自己的安全感，尽量去扩大令自己感到放心的地盘。

理财、资产管理、辅助性的行政和服务工作是巨蟹们能充分发挥天赋的地方，你们对他人的情绪好恶十分敏感，因而总能周到地通过温情的话语、细节上的注重给人带去舒适愉快的感受，所以你们常能有相当不错的人缘。巨蟹并不像其他星座如狮子、天蝎、摩羯那样有着“不求人”的莫名强大自尊心，你们懂得何时该使用平时积累下的好口碑、好人缘，来为自己争取更多机会。

巨蟹喜欢安定，所以稳定些的工作内容更适合你们，你们不会想要四处飞来飞去经常出差，变成“空中飞人”。经常应付陌生环境、陌生的人会让你们情绪高度紧绷，迫切需要一个私人空间留给你们独处“回血”。这种对稳定性的追求可能会导致难以迅速地实现目标，因为你们擅长细水长流地将自己的优点逐渐渗入别人心中，而不是那种初时就易给人留下聪明印象的见风使舵、灵活应变型。但和摩羯座一样，时间会给你们足够的机会去证明。

你们敏感的心和极端的情绪对事业来说是把双刃剑，对从事艺术、创作、文化相关领域的人来说，这些不安宁的心境恰是能带来丰富灵感的源泉。而若是从事一般的事务性工作，不稳定的状态会让下属觉得无所适从，让上司认为你发挥不稳定难以掌握，要知道团队合作就像一部机器，一个时好时坏的高质量设备，可能还不如一部能保证正常运作的同类仪器。

巨蟹是需要爱的，不仅仅是家人、伴侣的爱，你们也希望无论生活还是工作，都能拥有一个充满爱与温暖的环境。就事论事，帮理不帮亲，重结果轻感受，这类公司文化和风格常会令你们觉得不适。有时当你们因为私事而心情低落时，更会迁怒于仍然交给你一堆任务的上司或同事，认为他们不体谅你的处境。可客观来说，既然来上班，那做好分内事不是应该的吗？特别是风象或土象星座人常常这样想。他们更倾向于奖励实际点的东西，而不是搞些虚的爱心行动。若是你们恰好处在这样一个环境里，或是周围都是理性派人士，那就得明白“帮你是人情，不帮你是道理”这句话。何况有时令你心情糟糕的事，在别人眼里，经常就是些完全不会影响到工作的小事而已。

2014年巨蟹座事业运：层次的提升需要你先从原地起跳

巨蟹座在占星术中象征着家宅。家，应该是个安全而又稳定的地方，总是在那里静静等待着你的归来，让你安心在那里栖息，卸下满身的疲惫。所以你们巨蟹座人大多也喜欢安定的生活，动荡不安会让你们的情绪陷入焦虑、紧张。

宇宙第一大吉星木星在2013年6月时就进入了巨蟹座，它所及之处总会带去好运和机遇。然而当进入2014年，你们中的不少人可能失望并疑惑："说好的好运呢？我怎么没看到？我的生活为何反而一团糟？"

那是因为天空中还有其他行星和好运使者木星正在对峙、角力，这导致的直接后果就是无论怎样的机遇，必然伴随着剧烈的震荡，甚至是颠覆性的改变。你们喜欢的那种顺水推舟式的变化至少在今年上半年是与你绝缘的，你们要么行动起来主动去顺应好的改变，要么就任洪流推着跌跌撞撞地前行。

你的计划可能显得有些大胆，至少会让你周围的人大吃一惊。它可能会需要你远走他乡，放弃眼下尚算安稳的生活去留学深造，打破目前面临的瓶颈；或是离开你已经熟悉了的环境乃至家人，去一全然陌生的领域发展。在今年，所有与异国他乡、教育、文化相关的事或人在客观上都会给你带来好运，然而其出现的方式及结果却未必符合你的主观期待。例如虽然外出留学，但最终进入的学校却不是你计划中的。虽然成功换了工作，但周围反对的声音却出乎意料的大，甚至你不得不离开你所爱着的人。

上半年将充满艰难的选择。在 1、2 月新春佳节里，原本是和家人团聚其乐融融的时候，可你感受到的却完全是压力和火药味。长期以来你为自己的学业、事业付出了不少，也取得了一定成绩，可家人却仿佛视而不见，因为他们想要的并不是这些。在 1 月，金星的逆行会唤起对往昔人事的回忆，于是家人、伴侣也许会抱怨你给家庭的时间太少，而父母们开始向你提起“别人家的孩子”如何如何，成家的，生子的，并以此来证明你目前的状态有多么不靠谱。你可能也会遇到一堆旧识，甚至是某位旧爱，看他们目前的生活状态，开始疑惑自己一直坚持的路是否正确、值得。是否应该放弃自己追求的新世界，安安分分地去做一些符合周围人期待的事，这样才能皆大欢喜?

暴风雨前总是宁静的，在做出最后决定之前，你并不会将自己的打算表露出来，反而一反常态地显得更宁静，实则你内心无时无刻不在计算自己是否已有足够的准备、资金储蓄来应对即将发生的转变。

4 月来临之前，希望你已做好了养精蓄锐的准备。这个月对所有人乃至整个世界来说，都将是场盛大剧情。你和其他人一样，不得不孤军作战，因为此时大家都没有余力腾出手来关照他人。这个变化将牵涉到你的家庭，例如违背了家人的期待选择了你要的工作或专业，或是因为事业的变化而不得不搬家，甚至告别你的家人，背井离乡。此外也要留意其他涉及房屋的变故，如营业及办公场所的搬迁、装修，设备的损坏及更新等。

同样在 4 月，你还会面临些别人给你制造的麻烦。可能是公司上层的人事调动波及了你，你被迫站队、更换部门或索性离开已不再适合你的环境；也可能是合作共事者、客户格外固执己见，总提出些自认为正确无比，可实际操作起来让大家都头疼的要求。种种不快堆积在一起，最终导致了你毅然决然的大爆发。

4月的一地鸡毛会延续到5月，这是段格外难熬的时光，特别是对于你们巨蟹这种本就情绪敏感的生物而言更是不堪重负。跟随家庭和工作环境变动而来的，还有人际关系上的大洗牌。5、6月时，已经换了工作或部门的巨蟹们需要加大社交力度，和新的群体打成一片，还有些人在忙着站队。而你在经历了这几个月的动荡后，会明白哪些关系已无须维持下去，哪些人又是值得你深交的。

新生总是伴随着阵痛，但一切都是值得的，是为了更好的未来所付出的代价。如果你对此有怀疑的话，到了7月16日，木星进入狮子座，就会给你吃下颗定心丸。从那时起至2015年8月11日，它将连同你事业宫内的天王星一起为你的收入带来显著增长，使你绝不会后悔之前所做的选择。

木星对你收入的可喜影响将是立竿见影的。在8月你就能看到苗头。可能新的工作岗位给了你比过去更高的收入，或是有朋友给你介绍一些赚钱的好机会，做市场、销售类工作的巨蟹们会发现询价的客户明显增多……

特别要留意9月底至10月初，一笔财富将从天而降。它会是上司对你工作的嘉奖，或许会和某个创意项目，如电脑程序软件、文学或艺术作品的发布有关。如果你还在念书，那没准就是奖学金。总之这笔财富会来得很突然。虽然从9月中到10月底将是超级繁忙的时段，可当你的付出能换来与之相称的收益时，就会让你充满斗志和信心。

可不要被胜利冲昏头脑，在11月中旬到12月中，人际关系会让你苦恼。你看好的目标也许会被竞争对手强势夺走，甚至会有些看不惯你的人在上司面前给你泼点脏水，降低你在他们眼里的好感度。你与客户或合作人的关系此时也意外地充满火药味，对方会以几乎是“顺我者昌，逆我者亡”的姿态来迫使你顺从他们的意见。

12月24日，土星将换位到掌管你日常工作环境的射手座。在未来近3年时间里，不仅工作任务变得繁重，你还会发现周围的人对你的要求变得更高。没有什么是可以侥幸过关的，土星带来的严苛环境和木星赐予你的丰厚回报，无非是在提醒你：一分耕耘，一分收获。

[理财篇]

把脉巨蟹座理财症结：安全第一，积少成多

巨蟹有着一种守护自己所有物的天性，从对自己认定的亲友团到拥有的资产，都是你们坚守的目标，这些所有物能否得到稳定保障会直接影响你们的内心安全感。

所以虽然巨蟹们常常宣称自己重情不重利，但实际上你们对累积金钱这号事是非常敏感且有天分的。很多优秀的财务、理财人员都是巨蟹座，传说中很会赚钱的金牛座擅长的是寻找最有性价比的东西，但相比之下，也许巨蟹座更懂得如何保障资产的安全。巨蟹的自我防卫意识极强，任何一些潜在的危机都可能触动你们的警觉性，你们常常凭自己的直觉就能避过一些财务危机、投资陷阱。

风险高、状况瞬息万变的期货、权证、投机性炒股、买卖外汇、贵金属等投资行为都不太适合你们，这会让你们本就容易焦虑的情绪更不稳定。那些建立在实实在在的预期价值增长之上的投资行为，如购买基本面好、确实有增长潜力的公司股票，稳妥性的基金，向经过仔细核算，确实有利可图的公司或项目投入资金等，这些理财方式才是巨蟹能一展身手的地方。

巨蟹也常是讨价还价的高人，你们善于守财，所以绝不会仅凭别人的三言两语、因为一些炒作的新概念，就去冲动消费。你们会反复比较、权衡是否值得。所以很多高收入的巨蟹照样打扮得很平民化。当购物时觉得价格不合适，巨蟹也有足够的耐心去说服商家给自己折扣，还能屈能伸，从利诱到感情攻势，巨蟹们做起来常十分得心应手，是出门在外必备的购物杀价小能手。

但对家人或巨蟹们认可的“自己人”，你们的慷慨简直能和狮子座媲美。你们就像个溺爱孩子的母亲一样，天上飞的，地里长的，只要对方开口要，哪怕强忍心痛也会买下。

2014年巨蟹座财运：突破收入瓶颈，改善家庭经济负担

在 2014 年开始时，你觉得自己正面临收入的瓶颈。虽然自从 2013 年下半年以来，受木星的照料，你确实也获得不少机遇。可这一切仍赶不上开支的增长幅度，特别是家庭中的经济责任。

如果你已经有了恋人或伴侣，那年初 1、2 月时走亲访友的开销、

商讨婚事中涉及买房、筹备的大笔资金，以及生儿育女导致的沉重经济负担，都会让你觉得陷入了困境。明明自己已经很努力，可是距离能让你过上舒适无压力的日子还是有些遥远。

显然经济状况给大家都造成了这种感觉，所以在年初，特别容易因为钱的事搞得关系紧张。这除了个人生活中的经济压力之外，也体现在和客户、合作方、供应商的往来账款上，彼此间都容易出现借口拖延、克扣、分期的情况。“地主家也没有余粮”是形容这个新年的金句。

因此在 4 月时，你会因为待遇问题对眼下的工作产生倦怠与不满。你和客户间因为财务问题无法达成一致，此时提出的加薪或面试时的薪水要求也难得到满足。

要是留下什么未了债务的话，4 月底的日食会帮助你在其后不远的将来结清。你和某人或某个公司之间的未清账款会在此时及之后的不久结算。通常其结果是对你有利的，例如对方终于偿还了一笔延误许久的欠款，或是你有了足够的钱去全额偿还信用卡账单。

如果说 2014 年上半年的主题在于改变，那么其带来的效应将从下半年开始全面显现。幸运的木星自 7 月 16 日起将进入掌管你收入和资产的狮子座，显然在未来一年你将有更多机会提升收入，简直没有比这更实惠的影响了！

通常这会是庞大且显著的收益，除了工作带来的收入增加之外，务必密切留意和教育、研究、传媒、出版相关，以及涉及异国的途径。例如进出口业务、海外代购方面的生意兴盛；作品、研究成果、参演的节目公开发布，因此赚到了一大笔酬劳；一直努力苦读的学生们没准会得到笔奖学金……8、9 两月是你今年财运最好的时候，尤其是 9 月下旬至 10 月上旬这二十来天时段。好好利用起来，将加薪请求、业务协议签署、贷款申请等事宜放在此时办吧（签署协议最好放在10月5日之前）。但可别得意忘形去贸然投机，今年土星的影响不利于一切侥幸投机行为。

在10月你还能获得来自家宅方面的财务支持和喜讯。要是创业缺乏资金、结婚、生子导致开支猛增手头现金流紧张，那此时和家人好好谈谈，没准他们愿意给予你需要的援助。若在寻找合适的住所，那么此时你会找到价格优惠的房子，并且你的父母、伴侣都很慷慨地共同出资，来和你一起分担这笔庞大开销。

其后的11月会是你今年最后一次财务考验，并且在其后数年间，你的经济状况都会保持相对稳定。不少巨蟹会因为恋爱、子女方面的计划而导致有大笔支出，如筹备婚礼的开支，婚后的备孕，孩子出生后从生活需要到教育投入……即便是单身的巨蟹，因前几个月财务状况改善，此时也会忍不住想犒劳下自己，来场年末疯狂大血拼——安排好外出旅行的计划，你的钞票你做主！

♋ [爱情篇]

写给巨蟹座的情感私房话：
少一点细腻敏感，情路就好走很多

巨蟹们都是月亮的子民，如月光一般轻柔细腻，可情绪也像月亮一样阴晴圆缺变化不定。你们的口碑出人意料地有些两极化，一方面是朋友、同事交口称赞你们的体贴周到，可另一方面，与你们关系亲密的人们，却常常觉得有苦难言。因为你们的脾气和情绪就如不稳定的炸药库一样，说不准什么时候就会爆炸，然而这一面却只有你最在意、最亲密的爱人、家人才能看到。因为唯有他们的一举一动才会轻易地扰乱你的内心，唤起你的不安全感。

在感情中，巨蟹需要的是一个能敏锐地感知你心中的喜怒哀乐，并配合你做出反应的人。欢喜时同你一同欢笑，当你失落时适时地安慰你，给你支持，让你安心。当你愤怒时，无论谁对谁错，只需要一个紧紧的拥抱就能抚平你的怒火，稳定你躁动不安的情绪……而遇到这样的人，你就会全身心地去关怀对方，每一处细节都会照料到。

这些要求听上去并不高，作为爱人关怀对方自然是应该的，可为难的是并不是每一个人都能如你们这般敏感，可以轻易探测到别人情绪的变化。你们也并不爱把自己的情绪说出口，而是认为爱你的人自然应该懂你心意。这个猜心的游戏也许水象星座（巨蟹、天蝎、双鱼）很爱玩，然而对其他星座人来说，就完全属于舍近求远莫名其妙的瞎折腾了。

你们对爱人有时就如同母亲对孩子那样周到照料，可却常忘记你认为好的未必是对方需要的。当对方表示拒绝时，哪怕仅是吃饱了不需要再加餐，累了不想一起聊天或约会，旅行时对你的计划安排提出些异议，你们都会不安，会把不同意见和拒绝看作是对爱的否定，进而怀疑起对方是否已经变了心。这种强烈的不安全感导致的大幅跳跃的思维是很多人难以理解，也无法感同身受的。久而久之，你的爱侣只会觉得你是如此容易不高兴，轻易就打破了和谐的气氛，于是最终迫使对方不得不将你隔绝在自己的世界之外，以保持安宁。

即便你找到一个和你同样敏感细腻的人，这个问题也依然存在，甚至会变本加厉。你们的敏感点未必是同步的，两个易燃体放在一起只会让爆发频率增加。或许你们能理解这种无常的心情起伏，但这不代表你们能处理好，因为控制情绪对你们而言是个棘手的课题，当两人都感觉深深受伤时，谁又有余力来安抚对方呢？

俗话说“傻人有傻福”，越是敏感就越是容易看到、甚至臆想出种种消极面，用恐惧、不安破坏了原有的快乐。只有当两个人在一起的生活比一个人时更美好，这段关系才有可能长久维持下去。

2014年巨蟹座爱情运：先经风霜洗礼，后迎柳暗花明

巨蟹是个很难忘却过往情感伤痛的星座，自从2008年冥王星进入掌管你婚恋关系的摩羯座后，你们想必是经历了好一番折腾。时隔几年之后，你们的伤痕终于逐渐愈合，需要找个更柔软、舒适、温情的怀抱，来告诉自己一切已经过去，未来会更美好。

眼下强硬的冥王星和土星分别驻守在你星盘中的恋爱和婚姻宫内，因此你这几年来遇到的对象往往是强势、自我的类型。对方甚至并不像你那样，具备丰富细腻的情感，导致你时常觉得对方其实并不爱你，要不怎么会总是看不懂你心情的阴晴变化，还老和你唱反调呢？即便你明知这仅是彼此性格不同、爱的方式不一样才导致的状况，可你心中的不安感却时刻冒出来动摇你对感情的信心。

象征现实、严苛、责任感的土星从2012年秋到2014年年底一直在掌管你恋爱的天蝎座内，它的到来正是告诉你有时婚恋关系并不仅仅是爱来爱去，它还会牵涉需要承担的责任、大局观、世俗的要求、对现实

的妥协和让步。若能顺应这股宇宙能量行事，例如在今年把一段稳定的恋情升级成婚姻关系，或以实际的心态去对待婚恋关系，寻找一个客观条件适合你的伴侣，就往往事半功倍。相反，若是希望能拥有段美妙、浪漫的纯粹之爱，那么土星的存在会给你制造种种现实的阻碍和考验，以确保你有能力去实现自己的目标。

这两种选择并无对错之分，每一条路都有其相应的结局让你来承担。土星喜欢提醒我们是生活在世俗世界里，无论理想有多高多远，都必须在现实中扎根生长才可能持续长远。

考验从 2014 年一开年就会出现，无论你眼下正处于哪一阶段的情感状态，都无法避免。在今年头 7 个月里，家对你而言不再是个宁静的港湾，而是有许多事需要你去应付、解决的战场。在 1 月，家中就弥漫着火药味。在这临近新年，合家团圆的时候，这种大团圆气氛使单身的巨蟹们格外渴望有个自己的家，此时亲友对你们感情现状的关心反而带来不少压力。金星的逆行令你们回忆起过往的情事，你也许会在此时听闻已经离开之人的消息，复合的念头在此时萌生。然而若之前你们之间存在的困境根本没有改变的话，这段破镜重圆的感情就只会是昙花一现。

有恋人的巨蟹们在头几个月里会陷入各种矛盾之中，感情关系不再是单纯的两人世界，而是关系到你们两个家庭。1 月和 4 月也许并不是上门拜见双方父母商讨婚事的好时候，即便能令彼此满意，父母的意见也很可能与你们原本的计划背道而驰。例如对婚期、婚礼形式的安排，住房购置方面的意见等。若是夫妻间发生什么矛盾，尽量将问题留在两人之间，而不要扩大化将父母都卷入，长辈们的好心反倒容易使冲突进一步激化。在争吵时翻旧账更是不明智的行为，多回忆曾经的美好吧，过往累积的情感基础将是助你们度过危机的主要力量。

也有些幸运的巨蟹并不会遭遇上面这些让人烦心的事，光是买卖房屋、装修房子等各种琐事就够你们忙活的了。若是租赁房间，那还得留神房东突然计划有变，迫使你不得不另寻住处。

总之这个新年你过得绝对不会空虚，在2、3月相对清闲的时候去消化和准备应对1月埋下的种种变动伏笔吧，因为到了4月将是又一波高潮，不少事态会在此时尘埃落定。

若之前一直在为买房、搬家的事做着准备，那么4月中的月食会推动你很快把所有的事敲定，开始行动。当你和伴侣、家人终于能在新居中安顿时，就会觉得过去数月的辛劳都是值得的。

4月是开始新生活的转折点，区别是有些人是拉着志同道合的伴侣一起进入，而有些人是终于决心舍弃了不再适合自己的同伴，孤身上路。若之前你们的关系已经岌岌可危，那4月家庭事务和工作上的变化和压力，将重新激发你们对彼此的不满，最终令关系分崩离析。

但往好的一面看，会在此时这个阶段分手的关系，本就已经到了苦远大于乐的地步。因为惰性和习惯，人们往往惧怕去做出改变，投向未知的新生活。而今年上半年一连串的紧张星象，给了你最需要的一记推动，让你无法再回头。在这极端星象的影响下，相关的各种谈判、财产分割等也会以快刀斩乱麻般的速度飞快解决。

风波从5月起将逐渐平息，你会将目光从家庭这寸土之地移开，转到更广阔的地方去。之前的工作调动、搬迁新居让你如今身处一个全新的人际圈中，你将认识很多新的朋友，这对仍是单身的巨蟹而言，将是个很好的结识新人的机会。可能很快在6月你就会发现身边有人对你格外殷勤，那就赶快把握机会吧，因为随后的星象将为你的恋情加油助威。

7月27日，火星终于结束了在天秤座内长达8个月的旅程，接下去它将在天蝎座内待上大约 2 个月时间，在此期间它会为你的恋情注入许多激情元素。巨蟹是个害怕受伤害的星座，然而火星赋予你的勇气会让你敢于投入爱河去为自己的幸福争取。

从 7 月底至 11 月，已婚的巨蟹们可能会听闻怀孕的好消息，迎来新生命。

你的家庭不再如上半年那样成为个纷纷扰扰充满不安的所在，此时家人会支持你在工作和个人感情中的决定。在 10 月，可以去拜访下双方的父母，此时和谐的星象能令大家相谈甚欢，关于未来的各种设想和计划都能在此时达成一致。

在 2014 年的最后一季度，许多巨蟹的恋情将交上圆满的答卷。注意到身边火热的视线了吗？那就向对方报以微笑，接受这份感情吧。经历了那么多阻碍和坎坷，你们理应看到幸福在向你们招手。在最后几个月，行星们陆续在掌管你感情的摩羯座内相聚，在天蝎座内已经待了整整 2 年的土星于 12 月 24 日也起身离开，你们的感情如释重负，开始加速前进。你们可能会收到期待已久的表白、求婚，以及许下此生不变的诺言。

2014每月性格正能量——巨蟹篇

1月：

本月你几乎将所有焦点都放在了感情与家庭生活之中，并会为之花上不少钱。工作按部就班运行顺畅，即便偶尔遇到些强势的客户与共事者，在你柔软灵活的社交手腕之下也能化干戈为玉帛。单身者有被逼婚势头，将开始一段密集相亲期。有伴侣者常因为伴侣忙碌而感到受冷落，别胡思乱想了，1月里绝大部分人都陷入兵荒马乱的局面，实在没多少闲心。

2月：

你会和伴侣坐下来重新谈谈关于你们之间存在的问题及未来计划。这可能涉及房产或家人之间的相处模式。对方表现得十分理性且自我，这让你的内心感到有些受伤。这段时间需要注意下你自己和子女的健康，也会有巨蟹惊讶地发现自己有了孩子。单身者机会不少，但认识的往往是与你性格喜好差异甚大的对象。下半月对于家宅相关之事极为顺利，若你正在物色新居，则将找到满意去处，并获得必要的资金支持。

3月：

你的工作会因为个人生活中的一些状况而暂时退居次要位置。你家中的电器或电子产品可能会突然损坏，于是你不得不及时修理。家中某位男性亲属的健康也许会出些状况，或正面临困境需要你帮助。如果有某位旧爱回头重新与你联络，先别急着下决定，多观察一下，若能通过 4 月严峻星象的考验方显诚意。

4月:

你可能刚被调动到新的工作岗位，或有许多新任务同时交到你手上。想圆满完成并不容易，强势的上司与合作者会给你的进度带来阻碍。你的个人生活此时也不平静，可能某位女性家人或子女的健康令你担心。与伴侣及家人关系也十分紧张。由于本月大多数人都正承受着不小的压力，因而这可不是争论对错的时候。

5月:

你的人际关系依然没有多大改善迹象，其中一部分原因会牵涉到金钱方面的不愉快。你的脾气一触即发，对方的回避或认真争辩都只会让你更恼火。不少巨蟹本月会有搬迁计划，或纯粹是离开家去散散心。到了月底你的情绪开始平静下来，感情也有回暖趋势。

6月:

你的思绪非常活跃，可别把这股能量浪费在疑神疑鬼上。创作一些作品、构思一下未来计划、和朋友们聊聊天吧。家中气氛依然有些紧张，所以别老窝在家里，多出去走走。金星在头 3 周里会让你的社交活动十分丰富，尤其是和朋友们一起购物、聚会并享受美食。

7月：

虽然在月中幸运的木星离开了巨蟹座，但未来一年当它驻守在狮子座内时，能给你带来更实惠的好处，那就是唾手可得的丰富财源。文化、传媒、出版、教育、交通物流及涉外领域将是格外有利可图的渠道，好好计划下吧。月底当火星来到狮子座，可能一段新恋情或一个新生命即将诞生。

8月：

这是今年最金光闪闪的一个月，因为在你财帛宫内吉星汇聚，你的“钱途”一片光明。这些收益多数是来自你过去在人脉方面的经营，以及家人给你的慷慨支持。在8月下旬，你也许会收到加薪的喜讯，或是获得一个非常有利可图的工作项目。不过你可能因为忙于赚钱而冷落了爱人。

9月：

你终于能从繁忙工作中脱身喘口气，花多点时间在你的业余生活上了。在9月上半月，你会花点时间去谈情说爱、陪伴家人。下半月你将继续忙个不停，甚至可能去出差。近来表现得如此出色的你，完全可以和老板谈谈，为自己争取更好的待遇。

10月：

本月方方面面都呈现出和谐、顺畅的局面。工作已经完全上了轨道，虽然依旧忙碌，但你已能完全掌控节奏。你的意见将得到重视，在10

月上旬没准还会收到升职或承担重要项目的喜讯。家庭生活能给你带来许多欢乐，你与家人的关系恢复和睦。你可能会考虑通过搬家或重新装修，好让居住环境变得更美丽、舒适。

11月：

上半月你可能计划外出旅行，有伴侣者多数会与爱人同行。即便是单身，旅途中没准也会交上桃花运，可得好好把握机会。也有可能你会纯粹出于兴趣而报名学习某个课程。从事文化、艺术行业的巨蟹们，也许眼下正是你们作品正式发表的时候。11月下旬工作量明显增多，一些强势固执的共事者让你觉得十分不好应付。

12月：

这是年末冲刺业绩的时候，你会忙得脱不开身，尤其是会接到许多撰写文稿、发表言论、交流协调方面的任务。你的出色表现将得到赞誉，甚至获得升职的机会。12月底土星进入射手座，意味着你将开始约3年的压力期。这种压力究竟是阻碍还是动力，将取决于你投入了多少努力。

2014性格正能量

狮子篇

Leo

打破旧桎梏，为自己创造新环境

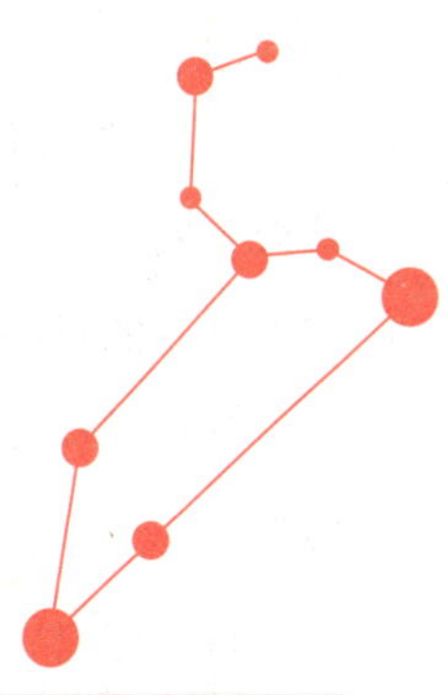

俗话说：“树挪死，人挪活。”当你们进入2014年时，会发现处处寸步难行。家人期望你按照他们的意愿生活，工作中你的想法难以得到推行，即便用尽全力也成效有限。山穷水尽之时，也许意味着你该把僵局先放下，转个身，换个风景选择另一条路走。重生虽然意味着由零开始，但在下半年木星的帮助下，你的新生活将加速前进……

♌［事业篇］

解析狮子座的事业症结：“宁为鸡首，不做凤尾”情意结

狮子是丛林之王，狮子座的守护星是享受着众星环绕的太阳，拥有如此不同寻常的象征物，狮子座的人自然也不甘于平凡。这是公认容易出领导者的星座，这倒并不是因为你们有强大的控制欲，恰恰相反，你们仅是很单纯地想去尽情发光发热，展现自己独特的一面。然而若你无法爬上高位，就必然会受到环境的制约，任由某些你觉得远不如自己的人来将你捏扁搓圆。

沦为“平凡人”是你无法忍受的，作为火象星座的一员，你们需要精彩的生活，更渴望像太阳一样出人头地。去令人艳羡的大公司工作、担任团队的领导者，或干脆自己创业，哪怕当个自由职业者这种“光杆司令”，都好过成为一颗毫无特色的螺丝钉。除了担任各种领导者角色外，能够尽情发挥自己才艺，让自己成为中心人物的工作也是你们的首选。如演艺和文化、艺术圈中的导演、演员、编剧、写手、艺术家等，都是必须张扬自己的独特性才能立稳脚跟，努力将自己的名字打造成为一个特定的符号。

你们是特别需要经历过一番挫折才能成功的。若是在少年时没经历过什么挫折的狮子座，在工作的头几年，出于狮子座特有的满满自信，

你们比其他人更容易觉得自己四周净是些尸位素餐不干正事却老来对自己指手画脚的人。你们不断换环境，希望自己能得到尽情发挥才干的空间，有时会不明白为什么自己的建议没得到重视。直到你们亲自坐上了领导者的位置，或因为无法忍受环境对自己的限制而索性独自创业时，才会发现大局观远比局部正确来得重要。

在结束这样的自我认识之旅后，你们的智慧、慈悲和包容心便会增长。明白作为一个领导者，不应当仅是为了让自己的意志畅通无阻，而是得站得高望得远，拥有比别人更广阔的眼界和大局观。王者的雄心需要同样广阔的胸襟和视野来支撑。

2014年狮子座事业运：离开，是为了有个更好的新开始

今年在掌管你工作环境的摩羯座内，行星们将在此地发生一连串冲击，这将为你的职场生活带来许多新鲜空气。要是你仍希望2014年能延续之前几年里已经习惯了的节奏，那你会大失所望。摩羯座内的冥王星今年将被反复激活，它挖掘出你的真实渴望，带来由内至外的彻底大变动。在职场上，一场蜕变将不可避免地到来。

刚进入2014年，就已经有不少狮子就开始琢磨着在事业上来点新意了。在此际，你们无比渴望自由，厌倦将每天大半时间都花在无聊呆板的日常工作中。你多么想摆脱乏味陈旧的环境，去充实自己的心灵，出去旅行，读点书，享受心灵的放飞。1月时金星的逆行会让你们对过去的工作来个全面的审视和回顾：我获得了什么样的成长？继续待在旧

的环境里我可能错过怎样的机遇和上升空间？答案将更坚定你们对自己的职业来次大改造的决心。

在今年，预计将有许多人告别旧东家。第一波高潮就发生在1月。烦琐的杂事终于消磨尽了你最后一丝耐心，在别人眼中你走得实在有些突然，可能是突然宣布的决定。但你自己知道为这一天已等待了多久。注意工作中未尽事宜的交接问题，它可能会带来不少麻烦需要你去收尾，甚至延迟了你正式离职的时间。

对那些担任高层管理者或自行创业的狮子来说，这波工作变动会体现在内部改制上。它不可能一蹴而就，在过程中可能会遭到公司许多员工的强烈反对，导致多次口头交恶，甚至部分人会以辞职作为表态。你得做好长期抗战的准备，因为改制的成果直到下半年才会逐渐呈现。充足的流动资金、替代人选都是需要考虑的问题。

2月的春节之后又将是一番新气象，各路贵人出马，让你先前烦躁焦虑的情绪逐渐恢复平静。有给予你抚慰和支持的爱人或朋友，也有为你牵线搭桥介绍新工作、引荐新圈子的热情人，从事业务类工作的更会发现来自客户的询价和订单猛增。不过在签订各种涉及金钱的合约时，务必看清楚细节条款，询问及敲定每一项不确定的事宜，因为在3月，海王星会给你的财务制造点混乱，可能是疏忽了某些细节导致的账目错误，或交易中各自责任的承担不明确。

接下来的4月又将大戏连台，在第一季度里你所做出的事业方面决定，将在此时引发又一波连锁效应。一切都发生得有些突然，甚至让你觉得不适，“远离”将是本月的主题。可能是一个工作机会意外出现，然而它却需要你远赴异地去上任，或是为了离新的办公场所更近些而搬家。出差通知忽然出现在你办公桌上，彻底打乱了你的原有计划。在年初提交的辞职或调职报告，在此时终于被批准。那些正在大搞内政的管理者，在本月将有一场彻底的大换血运动。

如果在此时需要签署新就职协议，或选择搬家的吉日，要注意避开4月1日、4月15日的前后几天，以及月底的4月29日。否则会为以后埋下动荡不安的种子，可能签署的协议会遇到违约、作废，或其他意外的损失。搬的新家也住得颇不安定，没过多久没准又需要另觅新居。

5月之后，混乱渐渐告一段落，你终于有时间在事业上重新起步了。你的表现欲会在5、6月里得到大大的满足，可能是获得了升职、跳槽成功并得到个不错的岗位，或在一些项目中担任领导者、发言人一类的角色，也可能是你创作的作品，甚至一直在筹划的新公司、新项目，在此时发布，引来不少人关注。你也频频出现在各种群体活动、发布会、社交聚会场合之中，拓展你的人脉，融入新的圈子。不过在6月上中旬，注意别因为自信、过于急切地想实现目标而导致有言语上强势的倾向，否则你会发现共事者们完全不吃这一套，使工作氛围火药味十足。

但对你这些新的变化，家人也许有不同意见。他们更乐意你走安稳、保守些的路线，生怕你一旦失败，就连相对满意的现状都失去，毕竟新机遇也意味着风险。虽然他们的想法会给你带来一定困扰和压力，可是你下定决心的事不会被任何人改变。

仿佛是为了鼓励你这份勇气一般，散播幸运的木星在7月16日来到了你的领地狮子座内，它会在此地一直逗留到2015年的8月11日，给你未来一年中的各种事务大开绿灯。下半年将完全扭转上半年的混乱与动荡，许多机会将突然出现在你眼前，特别是和资金、创作、娱乐、教育学习相关的领域，将成为你未来一年的福地。不过也得警惕木星带来的自信演变成自大。

8月是你出发的季节。不少狮子会动身起程去海外留学，正式去新公司报到。家人的反对意见再也不会使你困扰，因为木星给予了你非凡的自信。一切都开始走上正轨，8、9两月，你开始着手整理和规划自己的财务状况，使原本无序的开支得到了控制。在你的争取之下，收入有了可观增长。

10月大概是今年最好运的月份了，各种好消息纷至沓来。若是之前一直在忙于学习、考证、申请学校，那么此时会收到好消息。创作、传媒类行业工作者，正是作品面世的好时候，而且你会收到一堆好评。这个月你们会有很多交流互动，例如被邀请去做演讲、发布、宣传工作，也有许多人会找你咨询或寻求帮助，因为你在他们眼里是值得信赖的人选。

你的话语在此时格外有说服力，所以那些从事销售、推广、咨询类工作的人显然业务量会大增，把握这段时间扩大你的影响力，多吸纳一些客户吧。在幸运星象的影响下，10月会有不少口头承诺、书面合同要敲定，但由于水星在大半时间里都在逆行，加上10月24日的日食影响，如有可能，尽量在10月彼此许下口头承诺，然后放到11月再签署正式合同。若无法避免，必须在10月签署协议的话，问题也并不大，只是做好准备，日后有可能在执行过程中遇到延期、反复的情况。

最后一个月，你就可以放松一下了。各种事务已走上正轨，无须你步步紧盯。给自己放个假，带上爱人和家人一起出去玩玩吧。或是在这临近新年之际，去拜访下这一年来给予你不少帮助的朋友、客户、合作方，来一次小型聚会。12月24日，土星进入射手座，未来几年里你恐怕找不回如今这份自在轻松的心情了，新的任务在等待你。

[理财篇]

把脉狮子座理财症结：能赚会花，乐观的散财童子

当其他人在同款商品两种不同颜色之间纠结究竟该买哪个时，狮子们才懒得想那么多，早就大笔一挥“全部买下”了。就像永远在散发着光芒的狮子座守护星太阳那样，你们平日的做派简直是如假包换的散财童子。喜欢的，要尽量买下，就连不那么喜欢的，经常为了面子也去埋单，比如在商店里反复挑选了许久之后仍没挑到满意的东西，却因为怕给人留下因为穷所以抠门的印象而硬着头皮买下一堆鸡肋的东西。狮子们总是不好意思纠缠卖方讨价还价，以免显得自己像个没落贵族。

这些都是多么奇怪的联想啊！可是你们天性好强，总不自觉地在别人面前扮精彩秀幸福，展现出自己最棒的一面，就像明星那样已经成为本能。你们其实并不在意也不屑争取旁人的崇拜，但却无法忍受别人的同情和怜悯，所以抗拒任何有可能令自己光彩蒙尘的破绽。如果好好整理下每月收支账单，里面必然有一项支出叫“充门面”。

你们懒得去计较小钱，因为这样会衬得自己特小市民。所以什么银行定期、保底型的稳健理财项目可不是你们的菜，最多只会拿小部分资金去存着保底。你们喜欢能带来满足感和刺激的高回报投资，如股票、高盈利的基金、炒房产，或投入大笔资金去搞实业。这些投资一旦获得成功，无疑又能令你们的形象更牛逼闪闪。

2014年狮子座财运：
柳暗花明，意外财运释重担

今年你们的财务状况整体尚算稳定，不必担心发生什么意外的大幅振荡，搞得你们措手不及。你们的经济压力，主要来自于生活中日益增加的需求和不见明显起色的收入之间的矛盾。

狮子座作为一个帝王象征的星座，是十分需要有个拿得出手的光鲜生活的。别说是经济状况捉襟见肘了，单单是不能可着劲儿买自己喜欢的东西就足够令你们郁闷的。2014 年的星象虽然对狮子们的收入并没有严重的负面影响，可各种日常生活开销压力，成家、购房、留学等人生重大计划所需的费用，就已经让生活蒙上一层沉重的灰色雾霾。

特别是来自家庭方面的压力，房屋的购置、房贷与租赁费用就像把时刻悬在你头上的剑，你卖力地工作，但收入距离你的期望仍很遥远。在 1 月，旅游、回乡、新年前后各种公务和私人关系上的往来应酬带来的各种开支压得你喘不过气来。更有不少狮子可能正打算购置房产，或是刚开始有了自己的小家庭，从“一人吃饱，全家不饿”状态过渡到了凡事都得以全家大局为重的阶段。

2 月时的水星逆行将促使你下决心好好整理下财务状况，可能年前还有不少欠款和债务没有结清，那这个月正是了结的时候。你会一一致电那些欠你钱的客户和朋友索要，还清各种账单，并对支出重新做个计划，减少消费的随意性，因为还有很多计划都需要钱去完成。

另一个开支陡然增长的季节发生在 4 月，在月中和月底的连续 2 次日、月食会给你的工作带来巨大变动，不少人会在此时办好离职手续，而这可能让你的收入暂时性陷入青黄不接的局面。本月也是狮群开始迁移的季节，你们耐不住在家中安坐。有些人正准备搬家，重新装修、购置新的家具等相关费用自然没法省。还有不少人动身去远方旅行或留学，这显然又会让存款瘦身一大圈。

好在这种窘迫感并不会延续多久，从5月开始，你会在工作中重新大放光芒，之前跳槽的狮子们会获得面试官们的青睐，他们很乐意满足你提出的薪水要求。

7月16日木星进入你的领地——狮子座内，它除了会像润滑油一样使许多事变得更顺利、更易取得进展之外，还会带来最受人欢迎的强大偏财运。木星仿佛在你身上施了五鬼搬运术一样，能将别人口袋里的钱源源不断地运到你这里。所以在未来一年里，把握住机会多做些可以让你直接获得“他人钱财”的事。例如在彩票、股票上小试身手（当然得注意控制风险），也可考虑投资些钱去开个小店，做些生意，顾客会很乐意为你的商品掏腰包的。

因此，若你是从事有类似“业务提成”收入的工作，包括业务销售、市场推广、专业咨询、项目策划、猎头、经纪人等各种中介等，未来一年将是段黄金时期，务必全面发力，为自己争取更多的业绩。

土星的位置可能使部分狮子面临购买房屋或组建新家庭导致的开支压力，但如今在木星的帮助下，你不仅能轻松申请到足够的贷款，没准你的家人、另一半也很乐意慷慨出资，与你共同迎接更美好的未来。

上述偏财运在今年8月、10月和12月降临的可能性会更大。8月时，整个世界都对你展现出善意的一面。你的表现是那么耀眼，会为自己争取到收入更高的工作，上司也很乐意给你加薪好留住你这个人才。

到了10月，你将达成些为你带来丰厚收益的合约和承诺，利用这段时间多联络客户，向人展示新计划新产品，达成合作意向，然后正式协议可放在10月底之后再签署，因为10月的大部分时间里水星都在逆行，此时签署的协议可能存在些意外因素。

年底将是段欢乐的时光，你的运气好得出奇，年底又有一份大礼到手，如公司的年会抽奖、数字大大出乎你意料的年终奖金、股票升值，甚至你某天兴起随手买的彩票、刮的发票中了奖。你是绝不会亏待自己的，经过上半年的紧缩日子和下半年的时来运转后，你有足够的理由去享受生活，到了年终，你将是最受商家欢迎的顾客！

♌［爱情篇］

写给狮子座的情感私房话：散播欢乐却又高高在上的太阳

每个人对自己向往的理想爱人总有一定要求：温柔贤淑、聪明能干、宽厚包容、英俊性感……狮子座人就像守护星太阳那样，喜欢被众星包围，同时也乐于燃烧自己，给那些围绕在身边的人带去仿佛无穷无尽的热量和光芒。所以若要简单描述下你们狮子座的爱情理想，那也许就是找一个值得让你们发自内心想为之燃烧的人，温暖对方的心，希望自己成为对方力量和快乐的源泉。

于是狮子们容易下意识寻找一个相对弱势，但又不至于差距大到让自己跌份的对象，这也包括性格上的弱势。天无二日，一山也难容二虎，两个都强势的人待在一起固然容易一拍即合，可当关系进一步亲密起来时，难免会遇到生活中的各种矛盾和分歧，双方需要付出很多包容、学习相处艺术来避免发生互不妥协的对峙局面。而这点，对年轻气盛、感情经验不够多的狮子们来说实在不容易。

这种情况因为男女的性别差异，会导致不同的结果，特别是在国内男强女弱的一贯传统之下。男人在关系中稍显得强势自我些，男儿流血不流泪，乐于照顾对方，喜欢被仰慕被夸奖，这完全符合社会期望男性在关系中扮演的角色。哪怕有时会暴露出一些可笑的自恋，在你们老大哥式的领袖风范下透出几分喜感，这也是可以被原谅的。

但狮子女在关系中却显得有些尴尬了。你们扮演不来弱者，更耻于示弱，就像明星不会露出自己潦倒失意的一面那样（狮子女就是会把哭泣、示弱和潦倒画上等号）。都说女人的眼泪是最强大的武器，可你们哪怕明明知道哭比笑更能达到目的，也依然做不到。宁可强忍着心碎也要挂上副笑脸，告诉全世界“这些小挫折我才不在乎呢！”却又暗暗期待有人能看穿你坚硬的伪装，了解到你软弱的一面，并主动关心你。狮子女总是不自觉地有种仿佛自己正面对着全世界的人，所以要拿出最光鲜一面面对观众的舞台范儿。实际上大家都那么忙，注意到你并有耐心挖掘你内心想法的人并不多，当你嘴上笑说无所谓心里却在“求安慰”时，旁人往往就真的以为你不在乎了。

作为女性，你们希望找个强者。但作为太阳系的中心，你们又不希望自己的光芒被另一半完全盖过。例如不少狮子女在遇到各方面条件比自己好得多的对象时，反而会有些不适应。和脾气绵软的双鱼、巨蟹男一起时，总觉得对方心眼小又敏感，没男人派头。和强势点的如同类狮子，或其他火象星座白羊、射手相处时，最后总演变成“老天！你这大男人也不会让让我”的情况。土象的现实会让狮子的理想主义受挫，也许只有无定形又善交流的风象星座能适应狮子，可爱情是毫无道理可讲的，哪有这么刚刚好的。

别让自己活得太累，毕竟你不是真正拥有无尽能量的太阳。

2014年狮子座爱情运：等待，让爱情更甜蜜

恋爱和结婚原本听上去挺美好，在今年上半年却显得分外沉重。我们周围总有很多人把婚嫁当作一件30岁前必须完成的任务，哪怕没条件、没人选，也要千方百计创造条件去完成结婚大业。然而狮子座人是个很重视乐趣、对生活充满热情的星座，让你们纯粹以义务、责任为前提去谈婚论嫁，这实在是强扭的瓜不甜。

在1月，你们好不容易从近期忙碌的工作中摆脱出来，满心以为家能像个平静的港湾一样供你安歇，谁想到连这种简单的期望也成了奢想。亲戚们对你的婚事纷纷表达关切，而父母即便并没开口催促你的婚事，但眼里的期盼依然瞒不过你，内疚化为压力沉沉地压在你心头，让你考虑是否要妥协，接受父母的安排。

所以到了2月，单身狮子们的日程表上会排满相亲约会。受水星逆行影响，可能有些曾经一直陪伴在你身边的旧识，在此时忽然发现原来你们彼此也是挺适合的一对，于是给你来了次出人意料的表白。过去的恋人又重新出现在你视野之中，如果曾经因为误会和冲动错失了缘分，那现在冷静地谈谈彼此的想法吧，也许能重拾一段旧情。到了3月大地

回春之时，你的桃花也正酝酿着盛放。

相恋的狮子们在年初头几个月里要面对的是从童话到现实的蜕变。有情人终要成眷属，狮子情侣们在这个新年会考虑进入家庭生活，和双方家人坐下来谈谈对未来的安排。而在此时你们才深切地体会到，原来婚姻并不是王子和公主从此幸福地在一起，而是一地鸡毛的琐碎事。

已婚的狮子们同样发现婚后原来会有那么多连带责任，逢年过节走亲访友时，需要两头跑，原本的假日如今不再由你一个人安排。小两口的事常引来亲友团一起指手画脚，疲惫工作一天后回到家中，还有各种家庭义务等待着你，生儿育女也正在进行时，往前看看负担实在不轻。在 2 月这个忙碌的新年时段里，当你们回忆起往日恋爱时的自由自在和甜蜜，难免发出昨日不再的感慨。

4 月的紧张星象会让所有人有把心里话一吐为快的冲动，一直碍于情面不好意思启齿的话语，不忍了断的关系，盛情难却的好意，在本月将通过数次淋漓畅快的宣泄，把所有问题摊在台面上。工作中的忙碌奔波、进展不顺，加上婚恋方面的压力，迫使你们觉得必须得做些什么了。

单身者会暂时屏蔽那些并无多大兴趣的约会、相亲活动，全力扑在工作上。而对有伴者来说，4、5 两月将是次重大考验，关系的走势取决于你们感情的坚固度。在一次次痛快地表达自己意见和感受的过程中，难免有时会擦枪走火，迸出些火药味。双方的真正心声让彼此都大吃一惊，从而正视过去一直忽略的问题。实话实说带来的可能是尴尬和难堪，也可能是一次成长。所以一部分人会选择分道扬镳，结束这段令大家都越来越不快乐的关系。另一些人达成了共识，以全新的方式相处，令关系脱胎换骨。

接下去的路开始变得好走。随着工作和生活上压力的减轻，你们有更多闲心去参加些轻松点的娱乐活动了，要知道在上半年紧张节奏的压迫之下，你们可几乎没时间去想这些呢。社交聚会、新老朋友间的联络在6月会突然多了不少，部分狮子因为刚换了工作，需要适应新的群体。这些人际互动的增加都是为之后的一年打下伏笔，因为你们的情感大戏即将拉开帷幕。

7月16日，宇宙第一大吉星木星进入你们的狮子座，它不仅会在未来一整年时间里为你的好运加分，更是有利于你的情事和子女运。上半年的相亲和6月时新发展的人脉可能在此时发挥作用。不少单身狮子寻寻觅觅，终于找到了能让自己心跳的人。

在今年剩下的时间里，如果有什么人让你心跳，很可能是一段有缘千里来相会的故事。对方也许是你的同学，对已毕业的人来说，可能就是你久违的校友，在多年后的校友会重逢擦出了火花。还有另一种可能性就是对方是个来自远方的人，例如通过网络交友社区认识的人，或是一个异乡人，要么就是在旅游、出差、留学时的一段邂逅。

对你们狮子座来说，只要感觉对了，一切都好办，你们可不是那种面对喜欢的人还会去纠结一堆细枝末节的人。继8月电光火石般的相遇相知之后，象征激情的火星也在9、10月里为你们的感情加温。

在这星象的推动下，10月会有许多情侣说出海誓山盟，或是迅速地进入一段闪恋之中，然而由于这段时间还有天王星带来的不稳定影响，以及水星逆行期的反复无常效应，所以很难说这些承诺究竟是一时冲动，还是天长地久的十足诚意。但无论如何，感觉至上的狮子座们并不会因为这些潜藏的阴影而停下追求和享受甜蜜爱情的脚步。

11月会有不少情侣打算拜见双方父母商讨婚姻大事，不过做好心理准备，因为父母们可能觉得你们对未来生活的设想太过理想主义，而他们现实的意见对正在热恋中的你们来说又有些煞风景。不必急于一时，你们的爱和诚意会逐渐让他们改变看法的。

已有伴侣的狮子们在 7 月之后也不会闲着，木星会唤起你们心中的浪漫和热情，让感情重回恋爱时的温度。子女也是给你们带来欢乐的源泉，若正打算生儿育女，那么未来一年内你将听闻喜讯。特别是 2014 年的最后一季度。已有子女的则能从相处中的点点滴滴中获得乐趣，他们有许多好消息能与你们分享。

2014每月性格正能量——狮子篇

1月：

繁重而琐碎的工作填满了你的日程表，工作流程中影响效率的弊端，及拖累进度的同事让你十分不满。然而直截了当地将心里话说出口反而会遭到不少保守人士的反击，这是一段多说多错需要谨慎的时期。感情和财运保持稳定势头，眼下若有新的目标，可多交流思想，勿操之过急。

2月：

随着2月1日金星在摩羯座内恢复顺行，工作节奏明显加速，新旧任务纷至沓来，干扰了你的闲情逸致。到了下半月，你的交流能力格外出色，头脑也比往常清晰且敏锐许多。利用这段时间来说服你想争取的客户或合作伙伴吧，也别忘记将内心那些动听的话语告诉你的心上人。

3月：

土星和火星的逆行会暴露出你家中存在的一些老问题，例如设施的老化、损坏，租赁协议的突然变动，导致你又得考虑搬家或重新装修。家人的健康也是令你牵挂的另一个问题，尤其是某位男性亲属的身体状况更令你担忧。你的爱人会给你支持与帮助，若仍是单身，月底最适合向你心仪的对象发动追求攻势。

4月:

你也许会突然接到要求你出差的通知，或是压力重重的工作压得你喘不过气来，于是你打算给自己放个假外出旅行。然而眼下却并不适合出游，容易发生意外变故打乱日程安排，令你更心烦意乱。月底可能有不少狮子面临工作调动或提出辞职，也可能是某位男性同事会在此时离去，让你不得不暂时接管他的工作。

5月:

工作中的人事关系与各道环节的配合成为眼下最大的问题。你可能和上司有不少分歧，也无法和同事们保持协调。也许你该想想是不是太自我了些，工作中往往一个配合默契的平均型团队远胜于单枪匹马。下半月你会花更多时间待在家里好好休整。

6月:

从本月起，形势将逐渐转好。若你正在求职，那本月金星的良好影响会助你找到满意职位。在工作中好好表现吧，领导们都会看在眼里记在心里。在 6 月下旬多花些时间清理下思路，规划未来目标，好好休息，使自己恢复到最佳状态，因为 7 月开始你将迎来大展拳脚的新阶段。

7月:

闪亮登场的时候到了。7 月 16 日幸运的木星将来到你狮子座内停留一年，为你的行动增添助力。其中受益最多的莫过于婚恋、子女、健康、财运这几个领域了，因此本月好好规划一下如何利用木星力量吧。7月底火星进入天蝎座，家中会有不少事需要你忙碌，甚至可能突然接到搬家通知。家人对你的过度关怀让你备感压力。

8月:

你对未来充满信心，有一大堆计划要实行。在本月你可能会决定参加某个课程或职业培训，好增强自己的竞争力，甚至去海外留学。也许家人对你的决定有些不理解，他们更关心的是稳定，希望你多花时间在家庭中，这多少让你有些失望。留意朋友们给你带来的商机与合作机会，这将十分有利可图。

9月:

在实现你的宏伟蓝图之前，你得先审查下你的财务状况，以便对自己的经济实力有个清晰认识，因为你很可能发现你的财务状况不像你想象的那么乐观。若你的工作本身就牵涉到理财、金钱往来，那本月得格外小心，避免出现纰漏。下半月进入射手座的火星，为你的情感关系注入了炽热的激情，你会变得更主动，勇敢追求所爱。月底你会打算让自己轻松下，好好玩玩。

10月:

这也许是你今年最轻松快乐的一个月。你的灵感和创意在此时相当活跃，表达能力也格外出色，轻易就能打动对方。所以对从事创作、设计、表演行业的狮子来说，本月你们能做出十分出色的作品。良好的交流能力对感情也有很大的促进作用，有伴侣者双方关系出现前所未有的和谐，即便是单身者，也会有人被你的幽默感打动。要是本月什么都不想干，只想纯粹放松一下，那么阅读、影音、游戏能带给你许多乐趣。

11月:

经过了10月的调整后，又到了该快马加鞭的时候了。之前因为拖延而堆积的家事、公事都到了必须解决的时候。你身边时刻都有人在催促进度，尤其在11月中旬，你忙得几乎完全没有休息的时间，在这种急迫心情下，难免会和同事们发生些摩擦。此外得注意家中老人，尤其是男性亲属的健康。

12月:

在这个年末，计划下长途旅行，好好犒劳下自己吧。尤其是已婚的狮子们，请带上爱人一起度个蜜月，因为当月底土星进入射手座之后，在未来几年里，你很可能因为有了孩子而很难再有眼下这般相对轻松的时候了。12月也是会传出许多相恋、结婚喜讯的时候，大胆追求所爱吧。下旬会有不少琐碎事等着你收尾，正在逆行中的木星预示着眼下该是放慢前进速度，回顾总结的时候。

2014性格正能量

处女篇

Virgo

追求在现实局限下的相对完美

“巧妇难为无米之炊”，今年你的大部分问题将因金钱而起。公司资金周转和业绩导致的压力，收入不满意无法过上想要的生活，谈婚论嫁和生儿育女又需要花上一大笔钱……仅靠完美的计算和筹划仍不足以使你渡过难关，你需要放下成见，借助他人的力量。最终你会发现，原来由不完美的人组成的团队一样可以那么强大……

♍［事业篇］

解析处女座的事业症结：
最不受欢迎的甲方，最出色的乙方

处女座的客户常令很多人头疼，因为你们一旦购买了产品或服务之后，就会理直气壮地在允许范围内享受每一项有权享有的服务。当然这要求是正当且无可厚非的，可是从对方的立场来说，要让处女座人满意也确实比应付其他星座付出更多的时间和精力。谁不想花最少的投入就把事给办了呢？

处女座人擅长发现问题，你们高分辨率的视角一扫，就能看到许多被人忽略的疏漏。于是和你们共事的人就必须打起十二分的精神来小心应付。这种能力客观上是个优点，可是在人际关系中，我们自然倾向于选择能让自己感觉舒适、轻松、愉快的人，而处女座的性格特质，恰恰容易造成他人也跟着精神状态紧绷。在其他人眼皮底下能过关的任务，却逃不过你们的火眼金睛。

你们总有些忧虑倾向，所以会提前设想众多可能性，以求把活干得全面，对意外变故总能有配套方案。也正因此，你们会觉得自己已经考虑得那么周全，所以将来一旦出错，必然是别人的错。

有网络传闻称，部分用人单位表示最不受待见的应聘者就是处女座和天蝎座，可以想见，和处女座人共事的确令很多人都觉得压力山大。

当然，在你们眼里，那些因此而不待见处女座人的群体，都是一帮自我要求不严的家伙。就和该做的作业没完成，却指望通过不去上学而躲避老师的惩罚一样，简直是种可笑的小儿科行为。

这样的性格，当作为上司、购买产品或服务的乙方、师长等这类不得不以他们意见为重的角色时，确实让人压力不小。然而若因此就不接受处女座员工，那可真是失策了。处女座的细致周到和“看不下去就出手”的服务天性，完全可以胜任一些内务或文职类工作，如行政、文员、技术、财务、研究、编辑等。只要做到你们眼里的普通标准，对他人来说都已经是超要求完成的惊喜了。别人没想到的地方你们却已经考虑周全了。

至于工作过程中处女座人的抱怨、唠叨、意见多多，比起“出色完成任务”这个结果来又算什么呢？不爱听就别听，因为你们就是那种哪怕心怀满腹怨言，都会因为无法忍受草草了事，就自动自觉高效地完成任务，甚至顺便还为别人代劳的模范员工啊！

2014年处女座事业运：
夹缝中求存，追求完美也需审时度势

自从2012年底以来，你是否常会有种失望感？眼看着外界对你们处女座开玩笑般的吐槽愈演愈烈，周围的人缺乏自律还老觉得你们多此一举，这些都让你的心很累，觉得这世界充满浮躁，却鲜少真知灼见，甚至连基本的反省都做不到。这是因为土星一直在掌管你交流互动的天蝎座内，在占星学的传统中它被认为是颗凶星，因为它总会带来令人不适的严苛感和压力、阻碍。这种影响是双向的，一方面你会对旁人抱以自认理所当然的高要求，另一方面别人对你也不会宽容，做得好是应该的，做得不好就被挑剔。土星在2014年12月24日才会离开天蝎座，所以显然上述影响仍将持续接近一整年的时间。

没有平白无故的考验，上天为你关上门的时候同时也会为你打开一扇窗。从2013年7月至2014年7月，木星会在巨蟹座内持续缓解土星对人际关系带来的负面影响，使它向好的一面发展。在这个时期中，你越来越清晰地发现自己的专业性和精确性备受推崇，人们遇到难题习惯向你求助，将你奉为行业内的资深专家来请教，使你的事业前景也跟着沾光更进一步。

一面是因为苛刻和龟毛被吐槽，另一面却又广受认可并从中获益，这两种截然不同的待遇差异正是上天安排的一堂最佳课程，让你思考自己究竟为何遭人厌，又因何获得赞赏。俗话说“成功需要天时地利人和”，这三样都被放在了个人能力之前，可见其重要性。很少有什么事可以完全不依赖他人来完成的，一个再优秀的篮球前锋都需要团体的配合，否则也许会被一支普通水准的队伍打败。你得认识到，很多具体环节并不需要做到满分，能顺利地推进下去才是重点，甚至有些与你乃至整个大局无关的事完全可以任由相关当事人自己发挥，这也是他们的自由。而这也是你2014年的课题。

2014年另一个会让你备受困扰的难题就是财务。俗话说“巧妇难为无米之炊”，然而火星从2013年12月至2014年7月一直都在你的收入宫天秤座内，并时不时地同象征意外变动的天王星对冲，让你的经济状况充满意外。

如果你的工作是经商、销售、理财、金融等会涉及金钱的事，那在上半年可千万小心，保证充足的流动资金，签协议时别抱侥幸心理，列明违约条例，对往来账目审核清晰，不要因为老交情就放任对方拖延。因为在紧张星象的影响下，凡事充满意外，当意外集中发生时，你的工作计划就会被全部打乱。在2014年1月和4月尤其要注意这种状况，可能某位看起来很体面又好相处的客户或朋友无意中造成了你的资金缺口。

2014年7月16日，木星离开了巨蟹座进入狮子座。它并不会给你带来立竿见影的实质性好处，在几个月里因为木星和天蝎座内一些行星间的不和谐关系，可能反而令你的感觉更糟糕，人际关系再度出现危机。特别是7月底至8月，以及整个11月，木星的位置让你更坚信自己的理念和正确性，土星的位置让你的谈话充满压迫感。所以无论是生活中的闲聊话题争论，还是购物时讨价还价，工作中的项目要求，你无意中给人的感觉就是咄咄逼人，力求完美，得理不饶人。最后即便赢了争论，却失了人心。

在狮子座内的木星会让你在未来一年里更关注自己的内心，你可能会对哲学、灵修、宗教等忽然起了兴趣，从而也反思自己该以何种姿态处世。

若之前你在工作中面临财务危机，那么在9月底至10月会有出乎意料的好运帮你渡过这个难关。可能申请的贷款成功获批，或是做了笔大业务，其盈利使公司不必再担忧流动资金问题。这个喜讯完全是你事先没有料想到且突如其来的。这段时间如果有重要协议要签署，最好避开发生日月食的10月8日和10月24日。

12月开始你终于能从一年紧张的工作与各种人事协调中喘一口气了。经过这一整年的磨炼和思考，你多少收敛了些锋芒，知道人与人之间的标准确实存在不同，学着在情与理之间尽力保持平衡，而非据理力争伤了和气。12 月 24 日土星离开了你的交流宫，使你和他人相处变得比之前轻松了许多。

在这个 2014 年结束之际，你终于能松一口气，享受快乐而温暖的家庭生活，等待新一年的到来。

♍［理财篇］

把脉处女座理财症结：
锱铢必较，完美的金钱支配者

据说根据福布斯多年来统计的结果，世界巨富中处女座人的比例占了足有 12% 之多，超过了一贯被认为有理财天赋的金牛座。仔细想想倒也并不奇怪，天赋和直觉固然能让人如虎添翼，可若要长期保持胜利成果，仅靠碰运气显然是不行的。

处女座人注重细节的特质在平时消费习惯上的体现就是要使每分钱都发挥作用，你们不但像金牛座人一样注重性价比，还讲究面面俱到，任何细节优劣都不会放过。你们是很难被取悦的顾客，当商品出现瑕疵时，你们并不会因为其价格低廉就不计较了，退换货、索赔这种买家该享受的权益，也许很多人会因为怕麻烦就放弃。但处女座人可不会就此作罢，只要对方存在那么一点不占理的地方，你们就会据理力争，直到获得你们想要的结果。

处女座人也是精明的投资者。扬长避短、粉饰太平的表面宣传迷惑不了处女座人，你们看的就是实实在在的客观数据及事实、经得起推敲的严密逻辑。所以你们总能找到真正值得投资的去处。

更难能可贵的是，你们罕有被侥幸心理和贪婪冲昏头脑的时候。于是和其他人相比，你们犯的错误就少得多。作为水星守护的变动星座，你们也并不欠缺灵活性，当市场发生变化时，精密计算加上见机行事的能力，能帮你们将损失减少到最小。虽然在投资过程中，你们常因为追求精确性、试图彻底弄明白规律和秩序而丧失先机，很难一夜暴富。但这也是一种非常重要的优势，当别人因为一次失败导致之前取得的成果毁于一旦时，你们仍在一步一个脚印稳步前进，并笑到了最后。

你们能在各种眼花缭乱的银行、保险业理财方案中寻找到最实惠的选择，房地产、项目投资、贵金属、在基本面基础上进行的股票投资等能通过计算来获知一定轨迹的理财方式很适合你们。

2014年处女座财运：经受经济危机考验，迎接柳暗花明

即便是最擅长精打细算的处女座们，在 2014 年的头 7 个月里，火星在你们资产宫内的活跃表现，令你们根本遏制不了开销猛增的势头。

火星将大大刺激你们的钱财往来，你们可能发现赚钱比过去容易了，新的商机、交易与合作项目等待着你们，时不时地赚上一笔外快在 2014 年的上半年成为件轻而易举的事。但这些额外的收益在你们的口袋里也停留不了多久，它也大大助长了你们的败家欲，令你们萌生“赚钱那么辛苦，就得多犒劳下自己”的念头。上半年各种人情债、社交应

酬、婚恋分合方面的原因也是导致开支上升的重要因素。

1月的金星逆行催促你们在中国传统的春节之前就得将各种款项了结。在元旦后不久，你就有一堆账单需要支付。若有些往来公司尚有欠款，也趁此时去催促对方吧，因为1月的星象有利于历史旧债的结算。

在这临近春节的1月，按照中国习俗恐怕是一年里开销最高的时候，大家都得准备好一堆钞票用于给亲朋好友送礼，并买上一大堆东西筹备过节。2014年的1月星象格外紧张，所以你们的开支将远超出预期。处女座很少会冲动购物，可却很难拒绝一些实实在在的优惠。在各种商家迎新年折扣促销活动的诱惑下，讲究性价比的你们反而因为觉得确实划算，而囤上一大堆计划外的实用物品，例如洗发水、沐浴露、纸巾等日常必备消耗品。

走亲访友的支出也自然是必需的，不过今年可能亲友间结婚生子之类的喜事特别多，于是免不了增添几个大红包。甚至有不少处女座人可能自己就是婚嫁、生子类事件的主角，在今年的1月和4、5月，对你们感情而言可能是个重要的分水岭，有人奔向结婚礼堂、升级为人父母，也有人无奈地分道扬镳，无论是哪一种情况，都必然伴随着一堆共同财产的分割事宜。

今年可能不少人会觉得股市、楼市甚至贵金属交易都到了可以入场投资的时候了，朋友们对此的讨论和预测也颇令你心动。但在上半年，你依然得保持谨慎。天空中的行星们不时上演“星球大战”，我们人间对应地也会出现一场场动荡的局势，其连锁反应将波及方方面面，特别是在1月和4月前后。意外的状况往往导致市场行情发生出乎意料的变动，和机遇并存的是高风险，因此可别将资金一股脑儿都扔进去。

在4月中下旬，有笔重大支出在等着你，它可能是因为家庭需要或和某位朋友财务往来而导致的。比如恰好有买卖或装修房屋的打算，因为家人的健康状况欠佳而导致的医疗费用，或是和某位朋友、客户的往来账款恰好到了该结算的时候。这笔不菲的开支让你本就已捉襟见肘的流动资金更显紧张。

好在这已是黎明前最后的黑暗期。到了6、7月你就能逐渐轻松起来，工作上的成就和上司的认可将为你的收入添上几笔，缓解你的燃眉之急。到了7月26日，火星终于结束了它在天秤座内为期8个月的漫长旅程，你的开支得到有效遏制，当然这对于一部分人来说是因为已经没有可供花费的足够余钱了。

8月会有令你惊喜的收入，它出乎了你的意料，就像是在整理衣物时意外地发现在口袋里有几张遗忘在那儿的钞票一样。可能是你早就忘记的债务，或是提前收到了意想不到的生日礼物。

要是今年的财务状况实在让你有些吃力，那在10月的时候可以开口和家人商量一下，他们很乐意给你所需要的支持。要是有买卖和租赁房屋的计划，在这段时间也能获得你满意的价格。

♍ [爱情篇]

写给处女座的情感私房话：
感情是一种无法用数学计算的魔法

双鱼常在想象中便能和爱人过完一生，其实这能力并非双鱼独有，处女座人对未来制造的种种设想也毫不逊色，可剧本却消极、琐碎得多。

“将来我们会仍然相爱吗？婚后会不会吵架？”“将来亲子关系、婆媳关系会和谐吗？”“对方是能和我同甘共苦承担婚后家庭经济压力的人吗？”“日后他会不会劈腿出轨？”……

你越是想认真对待一段关系，这些问题就越是折磨你。可它们又无法被宣之于口，因为谁都会说你想得太多又太远。你在犹豫摇摆，而你的恋人同样对你的迟迟不明确表态、因焦虑导致的较真情绪感到莫名其妙，最终当对方的热情逐渐被消耗殆尽转身离去后，你失望之余反倒觉得自己当初的顾虑完全正确：“看，果然结果是这样，还好没草率投入。”于是当下一段感情来临，你又重复这一过程。

“人生不满百，常怀千岁忧”，这形容你们处女座人实在贴切。明知计划常赶不上变化，你们仍习惯在事前就方方面面考虑周到，仿佛这样就能规避很多风险似的。可感情却是最不可理喻的东西，它本质上甚至是种娱乐行为，硬将它纳入理性的考量，本身就失去了不少乐趣。若连自己都无法乐在其中，情绪是会传染的，又怎能让对方感受到快乐？

如今吐槽恶搞处女座几乎成了一股潮流，甚至有人说和处女男谈过恋爱后，所受的折磨能使自己一下子成熟起来。对这些负评你们常觉得分外委屈，明明就是对方不合理、不上进、不理智还要性子、对自己要求低、得过且过，为什么最后却总是考虑周到的你们承受指责？

可是情感和理智是完全不同的东西，若总执着于谁对谁错，谁的方案更合理，谁又在无理取闹，在关系中往往会讲赢了道理，输掉了感情。家应该是一个让自己感到舒适的地方，这“舒适”是纯从个人主观感受出发。有些人爱整洁有序，生活规律，有些人就喜欢到家了可以随随便便不修边幅，解放自己，甚至把家务都交给钟点工干。这本就无关谁是谁非，不过是各人生活习惯不同罢了。就像殷勤的商场推销员常常反而让人打消了购物欲，避之唯恐不及一样，有时人们需要点自己的空间，不被人需要的好心好意同样会是种负担。

2014年处女座爱情运：现实的冲击和诱惑的考验

从去年7月至今年上半年，木星给你带来了旺盛的社交运，许多处女座人眼下手头上其实也有一些人选可考虑，可土星和冥王星的位置会让你们的掌控欲空前强大，原本就注重细节的你们更是希望将感情上从眼下到遥远的未来、所有已经面临或可能发生的状况置于自己的掌握之下。这个反复衡量、思考、矛盾的过程耗时漫长，也许有不少机会在纠结、疑虑、考量、揣测中慢慢消失，使你们错过了本可趁热打铁的时机。

2014年一开始，你们的情事就如山雨欲来风满楼。首先在2013年底和2014年1月，过去曾被蹉跎的机会将再度重现。金星的逆行推动了过去那些被搁置的事，例如若你身处一段不冷不热的鸡肋情感关系之中，那么也许双方会重新恢复联络，谈谈关系今后的走向。某位旧人的再度出现，让一切看起来又充满了可能性。但破镜重圆的前提是你们俩之间并没存在什么原则性的问题，否则，到了2月，那些美好的幻象将再度消失。

在你不断审视和选择的时候，对方也是，若双方的舞步始终无法统一在同一个节奏，那最终只有分道扬镳。尤其是在1月和4月，可能会因为第三方的介入让你们质疑眼下的选择是否靠谱。这个第三方可能是一位给你们带来危机感的强大情敌，也可能是周围人的不赞同意见让你们又陷入犹豫不决之中。

上半年感情中的另一个危机是关于资产状况的。特别是在国内，婚嫁往往不是两个人的事，更牵涉双方家庭的一项共同参与的出资、置产计划，出资多寡甚至总被和诚意挂钩。但显然在火星和天王星不协调的能量冲击之下，所有关于资产处置方面的协商都很难达成一致。而单身者会遇到些经济状况和未来的收入前景让你缺乏安全感的对象，有些确是实情，但也有些纯属你对未来的过度计算和担忧，要知道未来总是有变数的，而要找个各方面都没大缺点的其实并不像你想象中容易。更何况，爱说“真正动心了我会不顾一切”的你们，实际上是十二星座里较难进入“真正动心”状态的族群。

财务冲突的高峰会发生在 4~6 月，所以正考虑婚嫁的人若此时讨论出资，那么对方的一些新要求、意外变卦会让你上半年本就深陷压力的开支状况雪上加霜。双方最好别太过坚持己见，否则，本就不稳定的关系更容易分崩离析。相对而言，在 4 月，当爱神金星仍在你伴侣宫内时，能令商讨过程多些体谅和理解。

上半年无论是最终克服重重困难，成功牵手的，还是仍然回归单身的，到了 7 月底之后，紧绷的状态将大有改善。下半年星象于你们情感的作用并不显著，对单身的人来说，这在某种程度上也意味着感情可能难有重大进展。不过刚历经了半年跌宕起伏的你们其实很需要些时间来消化下残留的压力，收拾好心情，以便用更好的状态进入下一段恋情。

下半年你们在情场上显得有些低调，在天蝎座内的土星和刚进入狮子座的木星使你们在感情上比平时更爱演“内心戏”。经过上半年的起伏折腾，在 8、9 两月里，单身者变得更谨慎，轻易不会开口表白或许下承诺，你们是那么担心所有希望终究又是一场空，于是在情感边缘小心翼翼地反复试探着。

已成功携手或步入婚姻礼堂的人们奉行“此时无声胜有声”的相处模式，传统的结婚过程就像漫长的马拉松赛跑，那些抵达终点的人已精疲力竭，无余力激情燃烧，只想静静相伴。

从 10 月底开始至 2014 年结束，火星、金星、水星和太阳陆续进入摩羯座，它们给你的感情终于带来了些温度。你又恢复了信心和元气，“这一次一定要成功”，很多处女座人在内心给自己鼓着劲儿。不必担心自己的主动成为冲动，作为处女座人，你们本就比其他星座考虑得多，火星带来的勇气和果敢正是你们需要的。大胆地表露自己的爱意吧，因为 2015 年对你们而言将又是一波婚恋高潮，罗马不是一日造就的，你需要提前播下爱的种子等待来年开花结果。

2014每月性格正能量——处女篇

1月：

本月你得做许多枯燥的文书工作，与其一个人绞尽脑汁，不如发动团队的力量一起帮你完成。社交运呈上升势头，频繁的聚会和娱乐活动会让你的钱包一再失血。从现在起至7月底，你的开支将一发不可收拾，保持手上有足够的资金应对意外状况吧。这也是结识新人的好时机，但切忌从一开始就要求对方给出承诺，这只会让人倍感压力。

2月：

你的感情状况会有些复杂，可能某位旧识的出现勾起了你昔日回忆，令你感慨万分。但与此同时，你又因为总是在担心眼下正在进行的关系或新出现的桃花未必能有圆满结果，因而踌躇着不敢放心投入其中。下半月随着手头工作项目的圆满结束，你将获得可观收益，之前拖欠的款项也会到账。这也是和上司商讨提高待遇的好时机。

3月：

工作中你有许多旧资料、账目需要整理，也许从中你会发现些被遗漏的信息，从而进一步提高的工作效率，甚至节约了开支。你会认识不少十分谈得来的朋友，也许其中某位日后能与你谱写出一段恋曲。

4月:

你的财务状况又将承受严峻考验，易因他人导致巨大损失，或是某位处于困境的朋友需要你支援大笔金钱来助他渡过难关。投资失败或健康因素也可能是破财原因之一。小心自己或亲友发生消化类疾病或意外伤害。

5月:

越是手头资金紧张的时候，你却偏偏忍不住各种购物和消费欲望。向来冷静理性的你，眼下难免频频失控，冲动购物。好在你的工作运有了很大起色，减轻了一些经济压力。尤其是你的各种文章、作品、观点会在此时大放异彩，得到许多关注。到了 5 月下旬，也许还有发表公开演讲的机会。

6月:

众所周知，处女座有着清晰的头脑和条理性。本月无论在职场还是亲朋好友中，都会有不少人会寻求你的指点。但得注意自己得理不饶人，说话刻薄的倾向，以免好事变坏事。水星的逆行导致不少事需要返工，也可能会有老东家或某位熟人带给你新的工作机会。

7月:

在上半月，上司或其他重要人物会十分赞赏你的表现，这是提出加薪、争取更多权益的好机会。月中木星进入狮子座，在未来一年里，你会更关注精神层面的追求，例如对心理、玄学、宗教、灵修方面的事感兴趣，开始更喜欢花点时间独处，沉思、放空，沉下心学习研究更多新事物……这令你显得有些低调，各方面发展节奏也变缓，这将是一段蛰伏、充电的时期。

8月：

火星在7月底进入天蝎座后，你的思维变得相当敏锐，但同时也导致你变得十分焦虑。你可能有一堆文书工作要做，各种人际交流、协调工作也明显增加。你对自己的分析能力和专业性非常自信，因而你的口吻可能让人不太舒服，有些得理不饶人的倾向。这样只会因为对方采取消极怠工态度而拖延整个进度。

9月：

你可能觉得近期小人缠身，有些人表面笑脸相迎，实则却在不动声色地落井下石。这也许是因为平时你总力求完美，所以有些人就越是爱看到你遭到挫败。从9月中起，家中会有不少事需要你忙碌。你也许会有些出乎意料的财运，例如得到一笔奖金，收到一些礼物等。

10月：

这是一个丰收之月，你的钱包将前所未有的充实。你的加薪请求轻易就能被接受，对求职的人来说也能为自己争取到更多利益。家人对你也十分支持，他们会给予你慷慨的经济援助，也可能你在房地产上大赚了一笔，或购买到了满意的住处。若正申请贷款，结果也不会让你失望。没准还有部分人会幸运地中到彩票。

11月:

在感情中向来有些被动多虑的你本月将变得比平时更勇敢，你会主动制造机会，甚至频繁相亲，以便能早日找到中意的对象。已有伴侣的将重新点燃激情，仿佛回到了热恋的时候，也许还会惊讶地发现自己已升级当了父母。这阶段创作灵感也十分活跃，对从事文艺表演、创作、设计行业的人极为有利。

12月:

在今年最后一个月，你自然有许多事需要忙碌，尤其是家事。家中喜讯频传，你可能在此时购买了新居，与爱人组成家庭开始了新生活，或是某位家庭成员有什么好消息要宣布。土星在月底将进入掌管你家宅的射手座内，未来近 3 年时间里，你对家庭的责任义务将明显变重。

2014性格正能量
天秤篇
Libra

人生重要时刻该由自己来决定

“这是最好的时代，也是最坏的时代”，狄更斯的这句名言正是天秤们今年状况的写照，总之它绝不会是平静的一年。经济压力促使你必须去发掘与把握机遇，而上半年你将与周围的人背道而驰，陷入孤军作战的境地。今年，搁置和回避问题不再有效，你得为自己想要的生活而战斗！

♎［事业篇］

解析天秤座事业症结：
善于用人之后，还得学会为己方争取利益

天秤座的星座含义是平衡的合作关系，所以你们适合从事各种与人际合作相关的工作。除了合作类的项目外，也包括业务、接待、咨询……这种说法很常见，因为天秤总是能客观、全面地看到各种人和事的利弊，擅长让合适的人去做相应的事。一个人的力量有限，抱团才有实力去追求更多目标。天秤的和谐特质会下意识地回避掉容易造成彼此尴尬、让关系濒临破裂的局面，使人觉得如沐春风，至少在一开始会认为天秤是个很好的共事对象，从而成为天秤团队的一员。

但从另一方面来看，这种情况的出现也是天秤最大的不足之处。众所周知，天秤是和谐的，但可不能片面的理解这个形容词。他们和谐的动机本质上是不喜欢面对任何可能带来尴尬、正面冲突、令人不快的局面，并在此基础上尽可能地让大家赞赏、喜欢。

然而工作中有很多事是不可能皆大欢喜的，某些情况下必须胆大心细脸皮厚，主动出击。也有些局面就得果断拍板、据理力争。此时天秤的短板就暴露出来了，面对冲突，脸上就会写满了“秀才遇到兵，有理说不清”的无奈。只有一种情况例外，那就是当天秤们觉得自己有规则可依，稳稳占据了正义立场之时，态度反而变得出人意料的强悍。例如

以法律法规、公司的规章制度、成文的确切论据等为武器来和他人进行争论的时候。

面对冲突实在做不出强硬姿态怎么办呢？于是一个唱红脸，另一个唱黑脸的组合便出现了。“丑人你做，好人是我”，许多天秤身边总会有个实干能力强、脾气有些暴躁的搭档来互补，这样他们可省下不少心。

如果你并没有这样的伙伴在身边，那可就得注意下自己喜欢搁置问题、又难伺候的倾向了。因为想回避冲突所以就不好意思催款、催货、为己方争取更大利益，却指望别人能懂得你的意图并来主动配合，这实在有些理想主义。更别说当自己反复权衡纠结时，旁人忍无可忍干脆替你做了决定后，你却又心中暗暗抱怨对方的决定强人所难，还会摆出一副不反抗也不配合让人郁闷的温吞水态度了。

星盘里缺乏火象元素成分的天秤，特别容易在反复的选择、纠结、等待中耗去太多时间，错过机遇。

2014年天秤座事业运：孤立无援时，勇敢为自己的人生担责

木星从2013年6月起，就进入了掌管你事业和威望的巨蟹座内，它在2014年头7个月将依然发挥作用，给你带来源源不断的机遇，还有职场中各色人等对你的青睐和帮助，这对缓解伴随土星而来的经济危机感有良好的成效。即便各种开支依然沉重地压在你肩头，但至少你可以暂时不用担心经济来源。

然而2014年一开年，你还有更重要的事需要忙活。一方面，当你

准备在事业上全力冲刺时，家中却后院起火，让你不得不分心照顾。在1月，一些过去未处理妥善的旧事被翻出需要重新处理，而你在事业方面的规划、成绩可能得不到家人的认同，他们的观念与你不同，并希望你按他们的要求去走截然不同的另一条道路。这对你的信心是个严重打击。另一方面，家庭日常开支、购房方面的压力也让你觉得目前的工作收入远不能满足自己的要求。

头两个月的新春之际，几乎就是一个不断地将工作目标和家庭、家人的现实需求相协调的过程。孤军奋战的你格外疲惫，你素来是个为了大局和谐而一再回避矛盾的人，宁可让问题越积越多使伤口愈发溃烂，也不喜欢面对面去做个了断。然而由于火星在头7个月里都在天秤座内，你积累的不满再也藏不住。你想说真话，选择你想要的事业之路。

3月是上半年难得的缓冲期，之前搁置的进度将重新顺利启动，你也容易给上司或其他大人物留下良好印象。所以若正考虑另起炉灶，那就得抓紧时间了，你会给考官们留下良好印象。同时充分调整好状态吧，因为到了4月你必须面对你最不喜欢的剑拔弩张局面。

4月对大部分人来说都是艰难的一个月，而你们天秤恐怕是首当其冲的。回忆下2010年6~8月时的情景吧，这个4月会和那时候很相似。别人会给你制造很多意外的麻烦：经常出尔反尔突然变卦的客户和合作共事者、公司内部人事动荡、管理层的不作为、流动资金紧缺和重大资金缺口，就连你的家庭也是一波未平一波又起，你恐怕即便身处百忙之中依然得请上几天假去忙活家事。

往日里套在你脸上的绅士淑女面具在这层层打击下开始龟裂、剥落，这段时间你常会感到愤怒。你不明白自己平时为了避开正面冲突，强忍着不满尽量选择无视、回避的态度，甚至步步妥协，为何别人毫不领情，一再变本加厉，仿佛完全不知道你的一片苦心。你终于忍不住开口，几次彻底爆发表露出你真正的心声。而这，正是宇宙希望你做的事。若你自己都不表现出在意，不为自己争取，又怎么能指望旁人懂你难处，为你代劳？

无论你是否愿意，能否接受，你只有去顺应生活的变化这一条路可走。越是想维持旧状，指望事态平息后便能回到往日境况，你就越是失去了主动权和时间。就好像顶不住严刑拷打，在落下一身残疾后才决定弃暗投明一样，早知如此，又何必当初抗拒？不要给自己的人生设限，给自己下“发生这样的事，我的人生一定不会再好了”的负面暗示，请相信在你事业宫内的木星总会在所有门都关闭的时候，为你留下一扇开启着的窗。

4月下半月到5月上半月是个承前启后的阶段，某些合作关系会在此时终止，相应地，会有财务往来需要交割清楚。4月29日的金牛座新月日食后不久，一笔资金的到账将解决你的燃眉之急。

顶住压力吧，从5月下半月起形势开始有了转机。这并不是让你们什么都不干，一味等待他人援助。你就是人生之舟的舵手，即便顺风顺水时，也需要你掌舵才能更好前行。5月下半月至7月上半月是很好的调整期，可以多出去旅行散心，缓和一下之前数月的紧张节奏。有些天秤会离开并不适合自己的环境，远赴他处求发展。对从事涉外、传媒及出版、文化教育类行业的天秤来说，之前的辛苦将在此时看到成果，如作品的发表、演出获得成果、埋头苦读的考试获得通过等。无论是转换环境还是取得的进展，都大大平复了你们近期的烦躁，使你们心神渐渐恢复安宁。

7月将是今年的一道分水岭。木星换位进了你的社交宫狮子座。在你天秤座内待了已足足有 8 个月，一直让你心浮气躁的火星也收拾包裹离开了，过去那个长袖善舞的你终于回归。未来一年你的人际圈子将焕然一新，过去几个月因为跳槽和转换环境、拆分关系导致的空当，如今将有足够的新鲜血液填补。

新的圈子会有许多各个领域独当一面的能人，有了他们的帮助，你的层次将迅速提升。8 月中旬前后很可能就有位朋友或某家大公司向你抛出橄榄枝，这完全在你意料之外，被上半年的低压云团笼罩了许久的你甚至有些不敢迈开步子，而这只不过是你未来一年贵人运的开始。

渐渐地，你发现自己越来越有影响力，你的说服技能仿佛一下子提升了好几个等级似的，大家都乐于倾听你的想法，和你闲聊往来成为件有趣的事。到了 10 月，这种倾向越发明显。社交应酬一下子多了起来，好好打扮一番提升下自己的形象吧，这是打响你知名度的最佳时段，抛头露面的机会多的是。

为此而先付出些经济投入是免不了的，人要衣装佛要金装，各种聚会和美容、置办行头导致的开支都是值得的。收入和付出不成正比的日子即将结束，到了年底，你的新圈子就开始发挥作用：潜在客户源带来的业绩增长、通过关系找到了更好的去处、出门靠朋友办事更容易……

12 月 24 日，土星离开天蝎座，向着射手座走去。从 2009 年底至今，土星的威压感一直笼罩着你。经过 2014 年大动荡的洗礼之后，你终于挣脱了对经济状况的不安，开始恢复轻松自在。未来几年，当你摆脱了生活压力后，将开始追求更高层次的东西，例如你的沟通、协调和说服能力，你在人群中的威望，你完全有希望坐上发号施令的位置。

[理财篇]

把脉天秤座理财症结：舍弃风险投资，追求合理收益

讲究平衡之道的天秤在理财上也是温吞求稳的节奏，贫穷、手头资金紧张等令人捉襟见肘的状况实在有伤你们的优雅，所以你们会尽量使自己的财务状况保持宽裕。在理财时，你们会盘算方方面面的得失、未来的各种风险可能性，只有在了解清楚后才会行动。这种从容理性的倾向保障了财务安全，但也常因为反复权衡和摇摆的时间实在太长，而与一些机会失之交臂。

所以凡是需要果断拍板决定、敏捷灵活应变、风险因素难测的理财方式都不适合天秤们，比如短线股票投机、期货交易等，这些只会让你们陷入焦虑之中。天秤那理性分析、充分规划的特长正适合各种具有稳定成长性的投资方式：入股前景值得期待的公司、投资一些风险小回报稳定的项目、购买基本面良好的绩优股……

长袖善舞、知人善用的天秤们常会组织或参与些合作项目，你们善于将各方面的资源综合起来，让每个人都发挥其特长，壮大团队的力量。这样就能办成靠自己原本的菲薄资金和人手远不可能完成的事，争取更多的可能性来使收益最大化。

在开支上天秤虽然并没有抠门的动机，但却有着不输给处女、金牛、巨蟹的精打细算，因为开支的合理性是必须考虑的环节，所以你们很少会冲动购物。商品是否值得购买、广告有无水分、货比三家看看哪

里性价比更高？于是当面对几件心仪的商品，或同款商品不同颜色时，换了狮子座，也许就大笔一挥全部买下，至于看着账单上的数字肉痛那是后话了。可天秤注重合理性，怎么能都买呢？此时你们著名的“选择障碍症”就会发作。

2014年天秤座财运：整顿财务现状，发挥人脉资源

土星在今年绝大部分时间里都会镇守在掌管你收入和资产的天蝎座内，它是颗象征紧缩、压力、艰辛、迟缓的行星，所以你会对自己的财务状况充满不安。有时这种不安可能是因为真的遇到了严重的经济危机：收入不见涨，生活开支倒节节攀高。但也有些人并没有遭遇到实质性的损失，只是对未来的前景开始有了危机感，致使有种希望获取更多收入来消除不安的倾向。

说干就干，新年一开始，你就着手从身边小事做起，大搞“节流”运动，将开支合理化，做好规划把钱用在刀刃上。在1、2月份，你会把居家生活安排做个整理，哪些开支是必需的，又有哪些是可减免的，并为未来自己的小家庭开销也预留下一笔储蓄基金，用于购房、乃至养家。同时不少秤子们还干脆把环境来个大整顿，抛弃或变卖些不再需要的旧物。这许许多多的事可能不是你独自一个人能决定的，一些重大的家庭财政决策会通过召开家庭内部成员会议来共同商讨决定。

那些正准备商讨婚事的情侣，显然经济条件、结婚的一切相关开销将成为你们争论的焦点。1、2两月你们或双方长辈会十分迫切地将它

提上议事日程，然而这段时间却并不是商讨家务事的好时机。双方会很难达成一致，却又彼此各不相让，责怪对方毫无诚意。就算是那些已婚的天秤，在这两个月里的家庭生活也颇不安宁。彼此都认为自己为家庭尽职尽责付出许多，对方却只会一味添乱，毫无大局观。

钱不是万能的，但很多时候却能解决很多问题。造成这一切的主要原因，不过是因为经济上既没有宽裕到令各方都满意的程度，感情上要达成的妥协又无法一致。这使你们本就不够高的财务安全感更不堪一击。

那些平时就从事买卖经商、投资、合作类事务的秤子，在上半年的头4个月里更得小心谨慎。“人”是最大的不安定因素，你可能常会遇到承诺的付款期延迟、费用调整、交易索赔等各种意外，因此得考虑到实际收益会不如预期的可能性，留出充分的流动资金来保证工作的正常进行。这些不愉快的事件导致你在4月会结束些无益的合作与业务关系。

所幸在4月底的日食之后，会收到一项重要的财务项目或协定。你们可能有一大笔资金到账，或是谈下了有望获得丰厚收益的项目。正在为婚恋关系分合而协商的天秤们，在其后1个月内也有望达成一致。5月财务危机的缓解让你终于能腾出空来规划一下未来、寻找更适合的业务伙伴，顺便再享受一下生活了。

你高昂的支出仍然会持续一阵子。7月中木星来到狮子座，未来一年你能结交更多朋友，发展不少潜在的客户群。但这些都是需要前期投入的，娱乐活动、把酒言欢、人情往来，哪一样不会让你的钱包缩水？火星在7月底终于结束了它对天秤座长达8个月的访问，它的下一站就是掌管你收入状况的天蝎座，上半年的经济紧缩困境使你有种报复性的败家欲望，对钱也看得更开。尤其是8月和11月的整个节奏就是能赚会花，换来心情愉快。

别心疼那些社交往来的支出，这一切都是值得的。当 12 月 24 日土星终于离开天蝎座后，你在下半年积累下的人脉就开始发挥作用。那个长袖善舞、姿态举重若轻的天秤终于又回来了。

［爱情篇］

写给天秤座的情感私房话：好人和没担当仅是一线之隔

天秤座人也许并不一定像某些书中写的那样，都是俊男靓女，你们的优势在于整体性的得体。或许五官长相、单独一件衣服鞋帽并不出色，可搭在一起却很少出现让人觉得突兀不适的败笔。相对其他星座而言，天秤也是被前任爱人批评吐槽相对少的星座之一，因为你们在感情上同样爱保持中庸：即便存在种种不足，也很少会发生让人恨意难消的重大问题。

被天秤爱上是幸福的，你们太懂得如何保持气氛的和谐与和睦，所以会有意无意地去让这如沐春风的氛围保持下去。这也是最初吸引对方的东西，和你在一起是那么的舒适，你是多么的温和亲切，连日子都仿佛成了粉红色，令人不禁想永远停留下去。

可是你们容易惹人好感，却很难处置好进一步的亲密关系。因为越是深爱，我们往往就会对爱人有更多的要求，不安感也随之而来。尤其是那些水象星座（巨蟹、天蝎、双鱼）和火象星座（白羊、狮子、射手）

的爱人，他们得在激烈的情绪中才能感受到自己的存在感，他们的情绪也十分容易被煽动。高兴起来就不管三七二十一，把你拖进他的计划之中一起分享。转眼却因为一点小事就惹起伤感情绪，不仅如此，还指望你能随时感受到他们的情绪并给予安慰。

这恰恰是天秤们最不擅长的一环，你们无法理解为什么好好的他们就开始折腾，还来打破自己的自由空间。久而久之，为了重拾正常的秩序感，天秤们就会把那些人隔离在自己的内心世界之外。或许关系仍然和睦，但对方会感受到自己就像一个外人一样被拒绝进入。

当爱已褪色，或是那些一开始就奔着婚嫁去从未进入过天秤内心的责任式结合，关系就会像鸡肋一样。因为你们在回避问题和矛盾的同时，也舍弃了心与心之间的交流渠道。你们实在太讨厌一切正面冲突的场合了，所以就采取将问题高高挂起眼不见为净的做法。互动时的礼貌和尊重，该尽的责任、义务，一样也不会少，可你的灵魂却并不在，这让伴侣明显地觉得关系不对劲，但又无法真正提出什么问题来指责，因为表面上看你没有做错任何事，于是所有的指责都成了无理取闹。

很难想象，在旁人眼里颇有魅力又好相处的天秤在感情中实际常常成为被分手的一方。这也是因为当天秤们拒绝处理问题任由情感伤口逐渐溃烂时，那只会逼迫对方成为主动做出选择的一方。例如因为不好开口提分手，所以保持关系之余又采取冷漠态度，最终当对方果断转身离去后自己却又深感挫败，仿佛是交卷后被批了不及格的学生一样。

天秤们的选择障碍和被动需要一个强势的伴侣来终结。天秤女的权衡犹豫在男性看来就是一种女性特有的矜持，在关系中男性本也就习惯成为主动的一方。而天秤男呢，因为担心被拒绝，担心自己的主动带来尴尬所以也常在暧昧中裹足不前，于是能攻克你们的常是些性格强势的类型，例如白羊、狮子、射手、天蝎这些星座女。可天秤男骨子里其实相当大男子主义，长期相处之后常有种被牵着鼻子走的逼迫感，于是很容易陷入上文中从相爱到鸡肋，最终被分手的循环中去。

2014年天秤座爱情运：
情感伤痕终获解决，未来由自己创造

不在沉默中爆发，就在沉默中灭亡。你们天秤所喜欢的和睦宁静式感情氛围，至少在今年头7个月里几乎是不可能的，做好打一场硬仗的准备吧。也许早在2013年秋起，你就隐隐约约有这种预感了。你们所谓的岁月静好往往是建立在逃避的基础上，例如面对家人对你婚事的期盼和催促，选择了视而不见；对想追求的目标，担心被拒绝后关系就再也回不到过去，就干脆远远观望；因为懒得解决关系中存在的问题，或是根本觉得对方纯属小题大做，索性就高高挂起，交给时间去消化……于是，时间大神没有辜负你的等待，今年上半年它会施出连环组合拳，来帮你做个了断。

火星从2013年12月至2014年7月都在你天秤座内，给你强大的行动力和勇气，点燃那些积压已久的激情或不满。你可能会被和自己理想型截然不同的人吸引，若是放在过去，考虑到种种风险，没准你就把这份感情埋在心底，谈天说地就是不说我爱你。但如今火星会让你兴起哪怕不能天长地久，也希望曾经拥有的强烈念头，做出些令人大跌眼镜的举动来。

显然你的家人也是这么想的。你的感情选择和家人的期望严重背道而驰，可能选择了他们并不看好的人选，又或者是在长辈们的相亲攻势下依然孤身而返。更别提有个别天秤的家庭矛盾正是来自于在已有家庭的情况下仍然爱上了不该爱的人。

即便不折腾什么桃色绯闻，已婚或正在筹备婚事中的天秤们依然会觉得家庭生活就像个战场。婚姻生活不仅是两个人，更是两个家庭的结合，双方的肩上都扛着不少责任，乃至父母的期望。天秤们可能会觉得自己的小家庭有太多人来指手画脚教你们该怎么过日子，更别提还有房产分配、礼金、各种相应开支和家庭财政计划等现实问题，常常成为伤感情的导火索。

上述情况在 1 月和 4 月尤为突出，关于家庭中各种责任和义务归属问题，大家都在反复扯皮不清。在责怪周围人步步紧逼的同时，你也需要反思下其中部分原因是不是因为自己一直在回避，从不挺身而出强硬表态呢？你最不喜欢的就是撕破脸皮去力争，然而事无完美，很多时候你得两害取其轻，由自己来决定相对能接受的结果，总好过被动受别人摆布后又埋怨对方不懂你的心意。

在上半年，准备好接受任何出乎意料的状况吧。在 2、3 月，可能有怀孕、生育等关于子女方面的喜讯让你措手不及，但从另一方面看，这也令本就已经忙乱的局势雪上加霜。土星在今年绝大部分时间里依然待在你的收入宫内，婚恋的分合、生儿育女的大笔开销、家庭生活相应开支的上升，让你感觉生活分外不易，心情也难免焦躁。

虽然上半年不乏一些突然来电的情缘，不过单身者也大可不必急于一时，因为从 7 月 16 日起木星来到狮子座，未来一整年你依然有的是机会。把自己关在家中是不会有桃花从天而降的，你得多出去看看才有足够的选择余地。狮子座掌管你的社交情况，木星将使你的人际关系变得更丰富，让你轻而易举便能结识许多新朋友，引起更多人的关注和好感。

在8月，丘比特之箭也许就会突然射中你。你们天秤擅长结交朋友，然而却并不善于主动表白，积极追求。幸而到了9、10、12这三个月，火星将赋予你勇气说出自己的心里话。特别是10月中旬和12月上半月那绝妙的星象将促使你们很多人许下山盟海誓。那些在上半年和伴侣闹了矛盾的天秤们，到了此时也终于守得云开见月明。有人冰释前嫌，也有人终于放下心中的包袱，开始了快乐的新生活。

到了年底，回首这一年来的艰辛与收获，你明白之前经历的一切困境都是在逼迫你自己亲手去创造一个更适合自己的情感生活。无论是单身还是相恋、成婚，这都仅是个表面形式，重要的是你自己能够快乐。人生短短数十载，你得为自己的幸福负责。

2014每月性格正能量——天秤篇

1月：

无论实际情况如何，在天蝎座内的土星让你一直对自己的财务状况缺乏安全感。虽然近期你的工作成果会让老板满意，并以加薪或丰厚奖金作为对你的奖励。然而频频发生的意外开支仍让你觉得对自己对财务状况无法掌控，十分焦虑不安。你和伴侣间常为家务琐事发生争执。单身者在婚事上因和父母意见不同而苦恼。

2月：

在 2 月上旬时，你可能感到疲惫、身体虚弱，这时候该抽出时间好好休息，缓解下之前累计下来的压力。然而你在家中也并不清闲，可能某位家人同样健康不佳，需要你的照料。或是正逢搬迁，有许多整理工作要做。下半月很适合谈情说爱，通过回忆或旧地重游，能重新点燃你心中的激情。若已为人父母，则孩子也能给你带来许多快乐。单身者可别忽略身边某个一直等待着你的人。

3月：

本月火土两星的逆行让你的财务状况再度紧张起来，可能有些应收账款迟迟未能到账导致你缺乏充足资金，然而催款账单却步步紧逼。这可不是继续进行扩张的时候。主动且充分的交流能有助于你感情的进展，但有伴侣者切忌老翻旧账。此外，在未来两个多月的火星逆行期中，得小心意外伤害。

4月:

受木星和金星两大吉星影响，你在工作中机会多多。然而机遇总伴随压力而来，某些咄咄逼人的同事或客户将再三挑战你的耐心，冲突在所难免。这段时期感情同样不太理想，伴侣的脾气令你觉得其不可理喻，和其他家人的关系也十分紧张，甚至会面临感情危机。留意自己和家人的健康及意外事故。

5月:

虽然对财务的不安感一直压在你心头，但本月你总被一些漂亮物件吸引住目光导致超额购物。你也会因为人情往来，或为帮助某位正处于困境中的朋友而花上不少钱。本月你将散发出性感魅力，令关系重新恢复激情。也得小心吸引来一些烂桃花，如果这还牵涉到工作关系，那可得小心处理，避免影响你的声誉。

6月:

虽然你的开支仍未有得到遏制的势头，但本月通过业务合作、投资等途径，你至少不再为财源发愁。业绩的提升和偶尔一些偏财运解决了你不少负担，尤其是家人支持或房产收益更是可观。若打算申请贷款、拉拢投资也正是时候。你可能会收到某位老朋友的消息，久别重逢令你们有很多话可聊。

7月:

在月初，你也许会想出去旅行，或报名参加某个课程。太阳进入巨蟹座，意味着你得让更多人了解你的才华。在7月中进入狮子座的木星会帮你个大忙，它在未来一年里将为你制造许多台前表现的机会和社交往来。你将认识一些身价不凡的重要人物，从而也提升了你自身的层次。若是单身，社交圈的扩大能给你带来更多结识婚恋对象的机会。

8月:

一直困扰了你大半年的财务问题将随着火星的离去而得到解决。扩大的社交圈和不断上涨的人气将直接或间接地为你带来不少有利可图的机会。业务量增大与合作事务的顺利进行，短时间内就让你的收入有了明显增加。也许你会遇到某个让你怦然心动的对象，于是闪电般地开始一段恋情。

9月:

在上半月会有许多想法盘桓在你脑海中挥之不去，令本就患有选择困难症的你难下决定，这些想法可能和学习、远行、感情方面的事有关。不过到了下半月这种情况就会有好转。火星进入射手座后，使你变得更敢于坚持立场，明确表达自己的观点。

10月:

好好珍惜这个生日月吧，因为它也是你今年最走运的时候，尤其是10月的中旬。所有人际关系无往不利。若你和某人一直互动良好，却又爱在心头口难开，那么本月将会迈出关键一步。那些正在相亲的也会结识满意对象。这是个婚讯频传的季节。找小伙伴们吃喝玩乐，扩大自己的影响力，发展更多客户，这些事轻而易举就能办到。月底可能有一笔高额开支等着你。

11月：

本月你得有一堆人情债需要应付。在10月，热闹的社交应酬、恋爱与结婚开支、新开辟的人脉等等，可能给你留下一堆信用卡账单得偿还。没准还会收到大红喜帖，让你不得不送上红包。你的家中十分热闹，可能是因为刚搬了新居或是重新装修。已有恋人的天秤会在此时拜访双方父母，商讨购房和婚事筹备工作。

12月：

本就是社交场中“花蝴蝶”的你在这个月会博得更多人的好感，你的话语温柔亲切，总能恰到好处地让听者觉得妥帖无比。没有人能拒绝你，所以无论是职场、商场还是情场，尽管大胆说出你的请求吧。你的真情流露将征服爱人的心。下半月在你家宅宫内群星汇聚，该是把家中装点一新，准备节日聚会的时候了。

2014性格正能量

天蝎篇

Scorpio

一切的磨炼都是为了此刻闪亮登场

今年的天蝎座就像蝉那样，在经过漫长的蛰伏期后，终于能在盛夏爬上高处，一鸣惊人。蝉在成熟期之前需要蜕壳，在上半年你们也将经历职场和人际关系中的大洗牌和对自己的再充电过程。从2014年7月至2015年8月，肆意鸣叫吧，那将是你们的时代！

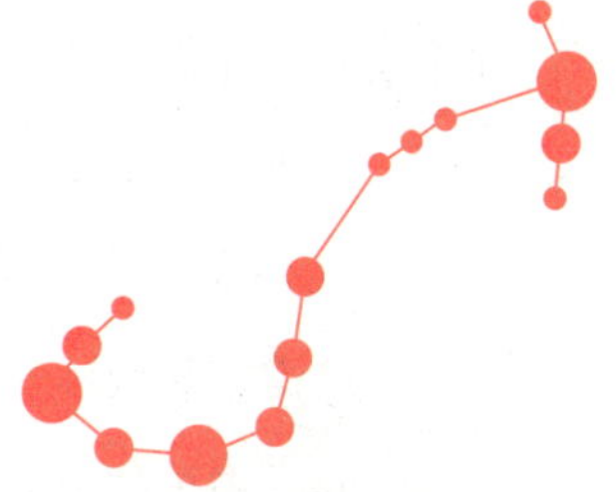

♏［事业篇］

解析天蝎座的事业症结：职场中的军师或独狼型人物

天蝎拥有出色的头脑和谋划能力，但作为固定宫的你们却并不擅长随机应变。你们之所以爱走神秘路线，是为了给自己争取充分的时间和空间，在别人尚未留意到你们的意向和暗中举动时，能全面地考虑到每一个可能性及相应对策，将之烂熟于胸，以便真正行动时就能先发制人，以迅雷不及掩耳的速度一鼓作气拿下目标。

除非出生星盘中有强烈的其他元素作为补充，否则你们虽然是最佳的策略制定者，但少了些大刀阔斧的闯劲、灵活的适应性和执行各种琐碎事务时的耐心。所以你们其实很需要团队，无论是因为志同道合走到一起，还是用你的计谋来让他人不知不觉中成为你的棋子，只有这样才可以将你的计划实现。

然而拥有自主意识的人却也是最大的变数，因为习惯将一切置于掌控和计算之下，你们会提前考虑好所有分支流程和配套方案，可是那些不确定变数的加入却会导致你们因为可能性过多而无法计算，从而使你们有种失控感，这也正是你们不易信任别人的原因——人越少，队伍就越好带。特别是当团队里有双子、射手、水瓶座时，这种情况就更突出。

所以相对适合天蝎座人的职业道路就是向专业化方向发展，仅凭自己的个人能力就能独当一面，例如科研、写作、表演、技术、专业类咨询等等，你们喜欢挖掘真相的天性往往能使你们比同行更精通和深入。另一种途径就是学会合作和放权，相信群众的力量，也相信即便出问题，依靠大家的能力，也能共渡难关。看似轻松的后一种方式对天蝎来说反而更难，甚至往往要经受过人生重大挑战的洗礼和考验才会反省，改变自己一贯的作风。

在职场中天蝎座人喜欢保持冷眼旁观的姿态，你们敏锐的观察力能够发现当下存在的各种问题和哪些地方拥有能大做文章的潜力。对身边各色人等的性格、需求、私心、忌讳常能了解得很清楚，加上喜欢自保的天性，使你们即便没做出什么成绩，通常也不会犯大错。你们世事通明、洞若观火的天赋常会给人种莫名的距离感——身在其中，却不真正融入。年轻的天蝎们可得学会做些掩饰功夫，因为当你们自认为看得很明白的时候，就常会觉得别人不如自己，却看不到处于对方立场上的难处和值得学习的地方。

如果自己都从不敞开心扉去欣赏和信任别人，当你身处危机时罕有人伸出援手也就不奇怪了。根据吸引力法则，你发出的能量会得到相似的回应，从而影响到你面对的现实生活。

2014年天蝎座事业运：经历阵痛后的重生

很多人误以为天蝎座低调，其实你们自己很明白低调只不过是为了更完美的登场，把在半途就失败的感觉隐藏起来，显得仿佛像是一次性就轻松地获得了成功。如今你们心中已经有了一幅蓝图，眼看距离它越来越近，为了实现这个目标你们从2012年底就开始默默筹备，细心做好每一个步骤，因为从那时起压在天蝎座内如严师般的土星不容许任何马虎取巧行为。

这样的蛰伏期只需再等待约半年，你们就能破土而出了。天王星正在掌管你日常工作事宜的白羊座内，制造出种种出乎意料的状况，需要你随机应变去适应，这间接也锻炼了你的各项技能。而整个上半年里，木星都在巨蟹座，为你的学习带来便利。同时你自己也总有些不安，清晰的感觉到自己所欠缺的东西。因而在年初，你将竭力克服生活和工作中各种琐事的干扰，抽出时间来重新审视下自己目前掌握的筹码，并及时补充欠缺的部分。

今年你的工作将遇到好几个重要阶段，分别是1~2月、4月、8月和11月。

在1、2月，你会忙得够呛，一大堆案头文书工作需要你处理。比如年终报告、期末作业，或是为了赶在春节完成所有未了结的任务，频繁打电话或拜访各方相关人员进行沟通。然而这个过程可不会如你希望的那样顺利，反复修改、行程变动可能是家常便饭，这实在让你烦躁恼怒。所以在春节之后，预计会有不少天蝎开始盘算换个工作或岗位。

利用3月难得的轻闲时间放松一下吧，这是适合旅行或发挥创意找些新乐子的月份。因为4月份你又有一场硬仗要打。经过之前一年多时间的准备，你已经十分明白哪些人或环境是适合你的，哪些又是必须得做番变动的。在4月，可能天蝎们会开始段新的合作关系，找到个有长远发展前景的新客户，迎来公司巨大的人事变动，甚至对当下一地鸡毛的形势忍无可忍递上辞呈。

这一切都是迎接下半年全新局面前的阵痛，也是你们天蝎近几年来差不多已经习以为常甚至听腻了的“重生”阶段。连你的身体状况在4、5月份都来添乱，让你濒临极限。不过作为天蝎，每次突破极限之后就是经验值的暴涨，等级的飞跃。

在7月，木星进入你的事业宫狮子座，压在你天蝎座内的土星也恢复了顺行，更别提你们天蝎的守护星之一火星也来到天蝎座内，给你们增添无穷的动力和勇气，你不用在原地继续踏步，准备好闪亮登场吧。

8月群星汇聚在你事业宫狮子座内，已经练好内功做好准备的你在此时必然会获得令人瞩目的成功。之前打算跳槽的天蝎们在此时会给面试官们一个好印象，得到份体面又高薪的工作。让你绞尽脑汁奋战已久的项目如今可能也到了公开发布的时候，它将大大提高你的行业地位。

在迎来扬眉吐气之时注意别因为志得意满而导致太过自大固执的倾向。在8月下半月，你会因为固执己见而和上级或师长发生严重的意见分歧甚至激烈冲突。

从9月中至10月中， 个突如其来的事业良机将落到你头上，更有笔可观的收益随之而来，这一切都是对你过去吃的苦的回报，喜悦在此时充满你的胸膛。在事业上了正轨后，你会考虑把你的兴趣也一并融入工作之中好使之更加完美。比如想出个富有创意的点子来让工作变得更有效率。从事文化、创作、表演、设计行业的天蝎也许在此时会端出个相当满意的作品。

这一切都是自2012年秋以来土星给你的礼物，它通过给你制造种种难关来迫使你让自己变得更强、更无懈可击。你的生日之月11月将无比忙碌，新的岗位和项目带来许多责任要做，对你能否胜任可能还有些闲言碎语。这仅是黎明前的黑暗，12月的圣诞季将给你份超级大礼——首先在12月中旬你的收入将有可喜增长，这对你2015年应付经济压力相当有帮助。随后不久，土星将在12月24日离开天蝎座，你就像习惯了负重前行的人突然甩掉了包袱一般能够大步流星前进。未来的3年时间，开源节流将是新的主题。

♏［理财篇］

把脉天蝎座理财症结：游走在风险边缘的极端者

对喜欢掌控的天蝎座来说，他们是最能理解“钱只是个工具”这句话的。钱可以让自己最大限度地拥有自由，不用为五斗米折腰去妥协并委屈自己干些不乐意做的事。赚钱的过程是为了乐趣，在拥有了可以让自己过上理想生活的财富的时候，哪怕仍有余力，你们也会慢下脚步去享受生活，而不像摩羯金牛那样奋斗的目标本身就是让自己的事业和财富更大、更强。

你们并不是一个很有耐心慢慢来的星座，所有的隐忍都是为了享受有朝一日爆发的快感，就像弹簧一样，之前越是重压，获得的反弹快感就越强烈。所以你们并不喜欢慢慢积累财富，靠储蓄来积少成多更是严重妨碍了金钱带来的快乐。你们会用自己的聪明头脑、敏锐直觉去寻找商机和财源，也可能是一个能给自己经济状况带来巨大帮助的合作人或伴侣。蓄谋已久，谋划停当，然后短期内暴富，这才是天蝎座人脑海中最完美的发家之道。生意、投资、合作类的方式最适合天蝎不过。

你们对自己的头脑和判断也极有自信，绝不会轻易被广告、营销、专家的分析说服，也很难听取别人的建议，所以在理财上你们并不喜欢让别人来操刀。但是即便再精明的人难免有考虑不周的时候，这种自信加上天性中的执着，一旦在理财上受挫，就更会演变为赌性，损失反而激起了你们不服输的精神，屡败屡战，硬是不信自己会点背到底，导致一错再错，一条道走到黑，把之前积累下的战果毁于一旦。

成也萧何，败也萧何，这正是天蝎座人理财风格的写照。一意孤行不是带来极大的回报，就是一败涂地。在购物时也是如此，平时能精打细算绝不被商家忽悠的你们，一旦看到中意的东西，就完全忘记性价比这回事了，还特别喜欢求全，比如对一些有各种颜色和版本的东西费尽心思掏空腰包也要收集上全套。

当感兴趣时就会投入所有，但天蝎座人那极强的主见也会演变成另一极端，那就是当他们对投资、理财毫无兴趣时，又会完全地否定，更不会选择让别人代为管理。不管是一掷千金还是一毛不拔，总之握在自己手里才踏实，哪怕是赔，也赔得心甘情愿。

2014年天蝎座财运：
大发四方之财

天蝎座 2014 年不仅在事业上苦尽甘来，业绩和收入同样是红红火火。掌管天蝎座人资产和收入的木星上半年都在巨蟹座内，给天蝎人在迁移出行、游走远方异国他乡、教育和传播领域等方面制造直接的有利影响，同时这些也是最有利于木星特质发挥的地方。所以这一年，天蝎座人有望大发四方之财，商机遍天下。

受益最大的当然是从事相关行业的天蝎了。比如具有传播性质的各种传媒平台，如电视、广播、网站、出版等，还有依赖这些平台的文化创作、文艺表演、创意设计类工种，客户来自五湖四海的贸易行业，包括购物网站、网店等，旅游行业从业者可以考虑开发新的路线、服务项目来吸引更多客户，而从事教育的则会获得比平时更优异的教学、研究成果，从而提高自己的收入。

然而 2014 年也是充满动荡和风险的一年，在 1、2 月，你的开支猛增，甚至超出了你原来的估计。通常这将会是因学习、出差、旅行及途中因为交通状况或日程变动而导致的额外支出，有部分人还会因为遇到合同违约而不得不进行赔偿或无法拿到预计的收益。

这两个月由于金星和水星逆行，对重大财务类决定及合约的签署，千万得长个心眼。在此期间签署的协议和开始的计划，会遭遇未曾预料到的反复和资金损耗。同样也不利购买交通工具和电子、数码、电脑类产品。如有可能，请尽量将这些事宜推迟至 3 月。那恐怕是上半年相对平静的一个阶段了，也是 4 月狂风暴雨来临之前的宁静。

4 月职场上兵荒马乱，各种意外让你措手不及，此时此刻，没有坏消息就是喜讯。从事业务贸易者需要提防意外灾害带来的索赔、货物损失。办公场所中的各种仪器和设备也趁火打劫，纷纷闹起了脾气。提前准备好充沛的流动资金，这个月额外支出、冲动购物会让你钱包瘦身效果出乎意料地好。

经过了紧锣密鼓的头 4 个月，你终于可以喘口气了。先前的高压可能也迫使你开动脑筋寻找到了新的生财之道，特别是一些与合作、技术、咨询、文化相关的项目。

7月16日后，木星换位狮子座大大促进了你的事业和名望，收入水涨船高自然也在情理之中。这份好运将持续整整一年，别总指望可以一夜暴富或凭投机来不劳而获，真正能依靠的是你的行业地位。

9月中旬至10月上旬，你的收入会有个爆发式增长，这可能是因为你一贯优异的表现让上级决定给予你相应的回报作为鼓励，也可能是突然接到了一个能给你带来丰厚收益的大任务。平时表现低调的你如今可不用再躲在幕后，大胆亮相，努力扬名立万吧，好运来自你的知名度。

虽然11月时，过于忙碌的安排可能导致你不得不放弃一些机会，在压力之下，你的脾气也变得独断专行。不过到了年底12月，业绩的优良、众人的好评会让老板在给你年终奖金时也十分慷慨。同时，别人向你伸来的橄榄枝，对方介绍给你的新项目、新职位将让你的财产又上个新台阶。

可别因为下半年的顺风顺水就乐观过头了。12月24日，土星终于离开了天蝎座，但却继续来到掌管你收入、财产的射手座内。未来3年，虽然你的资产和收入未必会真的减少，但却始终有种财务危机感笼罩在你心头。比如成家立业、生儿育女、房贷导致你背负了更多的责任，你会有种不能倒下、必须继续努力赚钱的焦虑感。所幸木星仍然在你事业宫内，成为你的坚实后盾。

♏［爱情篇］

写给天蝎座的情感私房话：挑战自我与战胜自我的情感之路

天蝎座总是和极端联系到一起，做任何事都喜欢要么不做，要做就投入全部劲头去干个尽兴、彻底。你们并不缺少世俗而又实际的考量，论起心思细腻和思虑周详，也鲜有能及得上你们的，然而你们一旦陷入爱情，被自己的执念冲昏头脑时，就会明知山有虎，偏向虎山行，非要将这段关系闹个水落石出不可——无论它的结果是皆大欢喜还是山穷水尽都没关系，你们唯一不可接受的就是无疾而终。这种情况在年轻的天蝎身上尤为突出。不少天蝎的成长和世故都是伴随着一次惨烈的情事。

成熟后的天蝎不仅更是看破世情和人性，也把持得住自己的心，懂得更为自己打算。但作为水象固定星座的他们却也绝难忍受一段完全没有感情的婚姻，会希望找个至少能让自己看顺眼且条件合适的人。可别以为这条件很容易，天蝎一旦世俗起来，考量的种种标准绝不比处女座逊色。特别是天蝎女，因为相对而言，至少在国内还是默认妻子比丈夫各方面条件差些甚至差一大截都尚可接受的，反之则不然。

早期的天蝎有情饮水饱，成熟世故后的天蝎反而要得更多，要门当户对甚至比自己强，还要智商情商绝不能比自己差多少的，因为天蝎（特别天蝎女）很难忍受蠢笨的人，更要对方有些值得自己敬佩的地方，最后，些许感情和好感也是要的。达不到这些标准就很难真正收复蝎子们的心，于是又不甘于过婚后相对平淡的生活，就会倾向找个其他渠道来投入自己旺盛的欲望，例如事业、子女，甚至另一段感情……

大多数人的婚恋生活其实最终都会归于平淡、琐碎、家长里短，然而由动力十足的火星和极致的冥王星所守护的天蝎天性却与此相违，所以天蝎座人一生的情感课题就是要么平息自己好折腾的欲望，让自己甘于平淡；要么就抛却渴望亲密情感关系的天性，宁为玉碎不为瓦全，绝不妥协也不后悔地一路走到底：先把自己一个人的日子过好了，其他的，就随缘了。

可以说天蝎的感情路就是一个挑战与战胜自我的漫长过程，在其尽头未必是大团圆结局，但一定会拥有让自己活得满足、能够笑看云卷云舒的生活智慧。

2014年天蝎座爱情运：聚散离合主题曲

今年天蝎座人的感情将延续2013年的状况，继续面临分合十字路口的选择。不过这仅对那些已有恋人、暧昧目标，或至少周围有大把待选对象的天蝎适用，若你一直单身一人，社交圈狭窄，身边连个可勾搭的对象也没有，又实在不想相亲解决的话，那今年工作的忙碌会使你继续在感情上交上白卷，也许仅仅会发生些和客户与合作者间关系的变化而已。

造成这种分合剧情大量出现天蝎座人身上的原因是今年4月29日和10月24日的2次日食。它们将推动一些关系发生质的改变，从朋友到恋人，从恋人携手走进结婚礼堂，或是伴侣转身变陌路……其影响会在当月达到高峰，并持续上几个月之久。

罗马不是一日建成的，日食和月食仅是起到类似催化剂的作用，促使处于临界点边缘的关系冲破当下僵局，但其原因和基础早在之前已埋下种子。

把目光拉回到2014年初。彼时工作和生活的动荡让你不免陷入迷惘，你们努力想看清自己的内心和真正需求，在这过程中，情感关系同样经受审视和考验。回顾你是如何走到这一步的，是否曾经错失了什么？眼下的生活是否满意？重来一次是否会做同样的选择？在1、2月里这些都是盘桓在你脑海中的问题。金星的逆行也许还会带来旧人的消息，历史是最好的镜子，如果你发现在感情中自己曾经做出了错误的选择，那么这个念头会在今后越发强烈，促使你去做些什么。

一些浪漫情愫会成为你4月天翻地覆生活中的调剂，唤起了许多蝎子对美好感情的向往。一些万事俱备只欠表白的暧昧关系将踏出重要一步，确认彼此的心意。对有伴的人来说同样是两极分化的情况，阻碍幸福的隔阂将消失，这种隔阂可能是鼓起勇气结束一段糟糕的关系，也可能仅仅是你发现原来自己只需要一个转身，放下固执，两人关系仍可以拥有光明的未来。

4月29日发生在你伴侣宫的日食和象征交流的水星相伴，这一天是最佳谈话时机。其影响在未来3个月里也能帮助天蝎们找到合适的时机和方式开诚布公，表述那些重要决定，有效缓解紧张和尴尬气氛。

在6月不要封闭自己，多出去走走开个眼界，或是拓宽下知识面，这样你会更迷人。和伴侣一起去旅行有利于增进你们的感情，在旅途中也容易遇到志同道合的伙伴，没准会发展出一段美好的关系。

7月之后热火朝天的工作节奏会让你把感情放到一边，这对之前留下情伤的蝎子们来说倒不失为一件好事。在 8 月时，你们将面临工作和感情间的平衡与取舍问题。一些职场桃花可能令你尴尬，你不得不克制下自己的心绪好让一切不至于失去控制。有伴者对未来的规划容易发生分歧，对方的乐观主义让素来有着谨慎消极倾向的你无法接受，放下一些固执，冷暴力不是解决问题的办法。

单身天蝎们在 9 月可千万别宅在家里，多参加聚会和社交活动，因为 10 月 24 日象征爱情的金星也将卷入发生在你天蝎座内的日食，并且同双鱼座内象征浪漫的海王星也形成和谐的互动。这会给关系带来一个美好的新开始。这股美好的能量将持续到年底，所以当务之急就是从 9 月起就多认识些潜在的桃花，这样没准到了新年时你就不再是孤单一人。

2014每月性格正能量——天蝎篇

1月:

你平时的低调其实只是一鸣惊人的前奏，你很明白很多事不能操之过急，因而这个月是你的筹备期。你会勤修“内功”，将时间花在学习充电、旅行、增广见闻之上，好让自己拥有更多竞争资本。文化、教育、传媒和涉外行业是你未来的幸运福地，值得朝这些方向多做努力。也许你会听说某位旧爱的消息，甚至有复合迹象，然而时间会告诉你这不过是一出短暂的插曲。

2月:

在月初你可能会利用难得的长假来一次长途远行，但最好在2月7日之前就回来，否则水星的逆行会让你的旅途充满变数。在之后剩下的几周时间里，你会有更多时间待在家中，通过对过去的回顾，来为将来认真拟定计划。你也会对住所来个彻底的打扫，甚至找个更好的新去处，好让自己生活得更舒适。

3月:

火土两星先后逆行让你的生活节奏顿时慢了下来。许多正在协商、筹备的事突然间没了下文。欲速则不达，你可能会因为焦急而导致失眠。倒不如就当是个假期好好享受下，因为这一年以来，土星已经令你精疲力竭。感情是目前最值得期待的事，你会和爱人一起规划将来，或是认识一个极有发展潜力的对象。

4月：

本月你像小蜜蜂一般忙个不停，不仅各种事务繁多，更常遇到突发紧急状况需要赶工，这令你的时间更为紧迫。也许还穿插着一些出差、学习计划的完成。在这般压力之下，你的健康状况有些令人担忧。出行须注意交通安全。职场人事变动多，许多事需要重新适应。不少天蝎会在此时宣布婚讯或为人父母。单身者通过网络社交来结识新人是个不错的途径。

5月：

眼下不少天蝎正处于感情和事业的十字路口。你也许正在考虑事业的转型，或是因为上层人事变动而需要重新选择站队。土星仍然会在天蝎座内继续待上大半年的时间，因此尽量选择相对稳妥少风险的方向为好。也可以参加些短期锦绣班增强实力，来为下半年的事业腾飞期做准备。你也希望能将感情状况稳定下来，这个时候从实际角度和经济层面来与对方共商未来规划，远比一味口头承诺来得靠谱。此外得注意防范职场桃色绯闻。

6月：

金星几乎整个月都在你的伴侣宫内，你会感受到许多爱意和善意。在 6 月 10 日前后几天，正是表白爱意、许下承诺的好时机。在建立人际关系、洽谈交易与合作时，你也有种让人不由自主便会被你打动的魅力。但火星和冥王星间形成的强硬角度让你有些强硬、武断的倾向，适当控制下这种压迫感吧。

7月：

扬帆起航的时候到了，几乎所有行星都准备好了，各就各位，来到你最需要的领域为你添一份助力。上半月金星和水星能帮你提高业绩、申请贷款、获得经济援助。下半月起木星进入狮子座内，为你未来一整年的事业吹起了顺风。不要再低调了，大胆秀出你的才华吧。月底火星来到天蝎座将为你带来许多可供发挥能力的机会。

8月：

这是忙碌但又充满成就感的时期。你的事业宫内群星荟萃，许多机遇将突然出乎意料地就落到你头上，你需要做的就是抛开顾虑，大胆接受这些挑战。会有不少需要你走到前台公开亮相的事，这对向来喜欢幕后的你可能有些不习惯，但要坚信这些都是值得的。如果觉得这般忙碌和压力有些难以承受，再坚持一下，到了9月中就会轻松许多。

9月：

多个朋友就多个帮手，掌控欲强的你向来喜欢亲力亲为，以确保不出意外。然而这段时间工作量实在有些大得可怕，你得找个合作人、助理来帮你一起完成。即便没有这条件，也可以向同事美言几句，让对方伸出援手。象征奇特的天王星持续和你事业宫内木星呈和谐角度，这意味着你在工作中可以尝试下新领域、新方式。

10月:

你终于有时间能稍微休息一下了。工作已经上了正轨，差不多可以坐等之前所做的努力带来回报的时候。可能你将等来盼望已久的加薪，或是一份待遇更优厚的职位在向你招手。工作量少了许多，你也许想请上一个长假，去一个清静的地方度假，或仅是宅在家里过些安静日子，好理清思路，准备实行下一阶段的计划。

11月:

各种大大小小事务都等着你处理，你的地位和重要性不言而喻。这让你充满信心，但注意在言辞中依然得察言观色，即便你的意见是正确的，若态度表现得太过强硬，恐怕会引起周围人的反感。你也许会遇到个温和而包容的对象，让你充分感受到被爱的温暖。

12月:

临近年底，当盘点这一年的成果之际，你的出色表现和傲人业绩将完全体现在你的收入上，你将得到一笔丰厚的奖金。若想扩大经营，也能找到很乐意为你投资之人。上半月你还会有些偏财运。12 月下半月，各种交流和文书类工作大幅增加，这也许会让你精神紧张，出现失眠症状。

2014性格正能量

射手篇

Sagittarius

飞驰前进之前的预热时刻

进展甚少、短暂、闪恋不断的感情，频繁波动财务状况和难以把握的时机，在这些趋势下，射手座人在2014年得戒骄戒躁，不必急着前行，而得勤修内功，丰富知识和技能，以便更好地完善自我，增加竞争力，来应对接下来要求严苛、压力重重的2015年……

♐ [事业篇]

解析射手座的事业症结：
出色的个人能力，团队中的不安定因子

射手座又叫人马座，顾名思义，它的原形是下半身是马，上半身是手持弓箭的猎人。奔跑、追逐是你们的爱好，你们的人生就是不断向前拓展的旅程，所以很少会喜欢那种日复一日无新意、无变化的工作，即便它能带来让人安心的稳定，但对你们这些天生的狩猎人来说，就像是在荒废你们的武功、削弱你们的生命力一般。

在求学期间、在职场上，射手们走的往往是先声夺人的路线。哪怕你们并不是条件最出色的，没有优良的成绩、一堆过硬的学历，但善于打破常规思维定式提出独到见解的做法、主动幽默风趣的社交风格，也照样能给旁人留下深刻印象。所以许多射手会从一开始就能得到上司的重视，加上先天的好运，常常不必熬多少年就能获得一定的成就。

俗话说“最大的敌人就是自己”，妨碍射手事业继续攀登高峰的原因相当部分是自己造成的。当手头工作上了轨道之后，会开始觉得无趣，想换个工作环境、尝试全新的行业，甚至觉得赚够钱就直接提前退休玩去了。这在别人眼里看着有些可惜，觉得明明能百尺竿头更进一步。可射手们认为：只要自己觉得高兴、乐意，又有什么呢？反正日子肯定能

照样过下去，没必要为锦上添花就放弃自己的乐趣。各有各的活法，这也确实没错，也许世界上会少了个精英，但也多了个自在自得的快乐人。

喜欢自由自在拓展狩猎领地的射手讨厌被限制，得不到认可、总是被否定被批评时，很少会去反省，而抱着“此处不留爷，自有留爷处”的念头，直接掀桌走人。若此类状况反复发生，自然也影响成就和地位的累积效应。特别是有些确实并无出色能力的射手，只会让人觉得眼高手低不堪大用。

射手的另一个职场弱势环节也正是在团队协作上。天塌下来当被盖的乐观个性，使你们常觉得很多事都没什么大不了的，搞不懂别人为什么因此紧张。你们常成为团队内的不安定因素，当你们兴致勃勃投入某项任务中时，独特的思路、高超的效率足以胜任。可若你们半途因为这样那样的原因突然觉得当下所做的一切索然无味了，就会一派懒散，对团队其他成员的催促、确认都无动于衷，甚至在没做好交接工作时就不告而别。让其他成员乱作一团收拾你的烂摊子也毫无愧疚，甚至觉得别人过于紧张，这样即便你能力再出色，又怎能让别人冒险去把团队重要任务交托给你呢？

然而对某些射手来说，也许上述这些负面影响都没有自己的乐趣来得重要，这让你们有时显得非常自私。但若一个射手恰好兴趣就是名利时，那么其爆发力、冲破所有阻碍的魄力、无视世俗规则的决心，将是非常可怕的，已经没什么能够挡住你们了。

相对而言，业务、公关、文化、传媒、人事协调等内容丰富多变的工作相对更适合射手们，最好具体工作内容还能相对独立些，既免了你们遭受束缚，又能使你们在这些岗位上积累下的人脉、磨炼出的才华即便换一个公司、甚至行业也能很快发挥作用。

2014年射手座事业运：环境改造和自我进化之旅

2014年整个一年，象征压力、现实、压抑的土星都将待在掌管你内心深层意识的天蝎座内，生活于你不再是走马观花，你相信这一切境遇都有其意义，它必然在指引你的方向，给你暗示和启迪。你开始变得更有忧患意识，甚至有些多愁善感，特别是上半年的财务动荡和人事变迁更令你有危机感，觉得是该做点什么的时候了。

一开年你的钱包就会受到一次冲击，各方面的开支大大超出了你的预计。人情应酬、嫁妆、购房储备金等，让你备感生活艰难赚钱不易。素来被认为好运的射手座，今年年初在投资收益上也乏善可陈。而与你称兄道弟的朋友们，在这段时期能给你帮助的也有限，你周围甚至不乏一些合作业务、共同投资出了问题导致反目的朋友。

“究竟哪里出了问题？”“我应该做些什么？”在1月这些问题将萦绕在你脑海中。

在2、3月份，如往常一样，最终你还是靠着家人和朋友的支持，以及你自身良好的变通能力，解决财务和人事危机。但水星、火星和土星的逆行促使你反思究竟哪些关系是值得认真对待的，又有哪些人无需深交，现在这个环境是否仍然适合自己。

上半年你在工作中的进展实在不多，更多时候你是在清理自己的思路，过滤社交圈子，创造一个更适合自己的环境。特别是在4月，将是个人大洗牌的阶段。对从事生意、业务、投资类行业的射手来说，得小心潜伏在乐观表象下的危机。

该是改变的时候了，对射手座人来说，当现状让你不安、失望，又不知道该做些什么的时候，改变就是最好的出路。将已经走成死局的棋盘掀翻，就处处是新天地。5、6两月，很多射手座人会考虑换个新环境，哪怕是暂时的。

7月16日木星来到狮子座，那里对射手而言和所有带“传播扩散”性质的事有关，它象征着远方，也影响着你的眼界、学识，更包括网络、出版、传媒等各种传播平台。之后的一周内，土星和天王星也跟着顺行，你的心中仿佛洞开了一扇窗，看到了其他更多可能性。

下半年射手们的主要任务仍然是自身的修行，而不是向前冲锋。和上半年相比，射手们的着眼点会放在更远处，比如去请上个长假外出旅行，让更多新鲜空气进入自己的心灵。或是索性背上行囊，去一个全然陌生的异国他乡重新开始。如果因为条件限制都做不到，那至少你们也会考虑去学点什么，由于木星同白羊座内天王星的和谐呼应，你会倾向选择自己感兴趣的知识，而不仅仅是出于工作需求而学。

从事教育、传媒出版、网络、交通、外贸外事等涉外工作，以及心理宗教玄学行业受木星影响最直接，未来一年你们在这方面的机遇远比往年来得多，这正是你们谋求更大进步、扬名立万的好时候。

8月通过旅行、求学的方式有助于解决你心中积累的疲惫和困惑，甚至在旅途中、网络上找到有共同语言的朋友和伴侣。新鲜的领域使你重新充满力量，到了9月你将对自己的未来有更明确的打算。无论是新工作的面试，还是日常工作中，适时发表些有益建议和专业的分析，会让人对你刮目相看。

经过之前大半年的人际洗牌、转换环境之后，在最后一季度将是相对轻松的时期，尽情享受和朋友相聚的乐趣吧，因为随后你还有一场为期 3 年的硬仗要打。你将认识更多能给你带去欢乐、可以指引你工作和人生的良师益友。可能你会和某位朋友一起结伴旅行，也会有许多聚会、团体活动要参加。从事销售、推广、人事类工作的射手们可别错过这个拓展人脉的黄金时期。

在 2014 年下半年里奠定的基础能帮助你走得更远，因为 2014 年 12 月 24 日，土星将进入射手座，它带来考验、磨砺和责任，它不喜欢任何投机取巧得过且过的行为和犹疑的茫然，所以在这之前，你得做好充分的准备，从内到外将自己的心理和知识来一个大整顿，来迎接未来约 3 年身负重任的人生重要里程。

[理财篇]

把脉射手座理财症结：
做自己擅长的事，理财交给专家

理财，这两个字对射手座人来说实在有些遥远，像猎人不断捕获新猎物那样去开发新的生财之道才合你们口味。你们追求乐趣，如果有个非常爱赚钱的射手座人，那么能给他满足的一定不是银行账户上日益增长的数字，而是获取资产过程中获得的乐趣、刺激和成就感。

在收入并不高时，射手座常成为“月光族”。因为无拘无束的你们不擅长节制、一分一厘的盘算计较，你们的消费观就是及时行乐，该出手时就出手，没了再赚。所以经常是根本手头没余钱去考虑理财的事。

你们懒得做一大堆事前研究，做长期性计划，然后慢慢等待回报，更喜欢参与刺激的高风险高收益短期投资，你们天生的好运和前瞻性常能发挥作用为你们带来意外之喜。然而久赌必输，一时的好运会导致你们本就够旺盛的乐观倾向发展过头，最终得不偿失。所以最好找个值得信赖的朋友或理财专家，全权交给他们去打理，省了你们的麻烦。

此外也可以针对自己的爱好来进行投资。比如射手座往往有走在潮流前头的先见之明，见多识广的你们又总能冒出一个个别人尚未想到的好点子，想出各种新颖有趣的娱乐消遣方式。所以干脆去投资些娱乐、旅游项目、潮流新品，凭独有的特色来取胜。

2014年射手座财运：机会处处尚须努力落实

相信船到桥头自会直的射手对财务实在欠缺些居安思危的意识，对好运认为理所当然太过轻信，2014 年上半年会是给你们好好上一课的时候。

一开年你的钱包就会受到一次冲击，各方面的开支大大超出了你的预计，其实大部分是社交上的开支。例如除了往年为走亲访友准备的红包之外，今年你可能还会承担起做东的重要角色，还有结婚喜帖这种“红色炸弹”没准也成群结队地飞来。

由于上半年木星在巨蟹座内，你会有种处处是机会的感觉，做生意、搞业务、身处理财金融行业的射手客户询价、业务量也有提升。然而仅仅有机遇是不够的，还需要通过切实的执行力才能将它转换为实利，这正是你们射手欠缺的东西。

在1月，你可能会发现自己业绩的增长、努力捕捉的种种机会，到最后盘点年终收益时却寥寥无几。有些机会最终失之交臂，工作叫好不叫座，已经完成的项目却遇到对方付款拖延甚至克扣的情况，也可能是虽然回报丰厚的任务近在眼前，然而你因为自身能力、财力的不足只能望洋兴叹，最终你就像入了宝山空手而归的人一般。所以在1、2两月，你的首要任务就是理清旧账，甚至和一些总是恶意拖欠的家伙断绝关系。

从2013年下半年至2014年头6个月，你的财务收获和投资方向主要可关注下“家宅”相关的领域。例如房产、各种家用产品、装修美化等，甚至包括接受家人的经济资助。哪怕不为了投资，仅是为了买卖或租赁房屋自住，今年都容易获得你满意的价格，或是在和伴侣商讨购房计划时，对方愿意慷慨地拿出一笔不菲的款子来减轻你的购房压力。此外食品餐饮行业也是投资的优选。

虽然你的投资、生意和其他偏财运还不错，但可别头脑一热就去投机，久赌必输乃是颠扑不破的真理。特别是4月，你得捂紧自己的口袋，掐灭侥幸心理，将空口无凭来借钱、邀你合作的家伙都拒之门外。一切重大财务决定坐等5月形势明朗之后再拍板不迟。

要是你正打算或已经为人父母，那可得为你的孩子留出点余钱。在上半年，特别是年初和4、5月的时候，和子女相关且突如其来的消息会导致你多出一笔开支。可能是收到了怀孕的喜讯，或是孩子的教育、旅行计划导致你开支上涨等。

下半年随着木星换位到狮子座，你们放远目光，不再着眼当下一分一厘的收益，而开始追求精神上的财富，用充实自我来给自己的未来换取收益增长的潜力。特别是在 8 月和 11 月，你会毫不吝啬地打开钱包，报名参加课程或是旅行团。

9 月是有利于升职加薪的好机会，你力求上进的姿态上司会看在眼中，别错过表现的机会。部分射手会因为跳槽或工作方面其他可喜消息使收入又上一个台阶。

如此可喜的局面可别忘了和你的亲朋好友、亲密的另一半分享，最近一季度将是你的狂欢月。可别把钱投在风险极大的投机行业里，一直伴随在你身边的人才值得同你一起分享，千金散去还复来，钱就是用来买快乐的。

[爱情篇]

写给射手座的情感私房话：责任与乐趣难两全的矛盾

在相对注重婚恋的必须性和家庭稳定性的环境下，射手们常得经过一番折腾才能选定自己想走的路。你们是有着不断寻找新目标、开拓新领地天性的猎人，然而传统的婚姻观却需要男女主角们停下脚步，不断加固自己的领地。这对你们射手来说，简直就像画地为牢、作茧自缚。

土星象征责任，射手座的守护星木星与之恰恰相仿，代表轻松、释放。然而一段长久稳定的关系乃至婚姻，都离不开责任和约束。所以让你们在仍喜欢闯荡新世界的年纪就早早背负家庭责任，这实在有些心不甘情不愿，起初的新鲜感过去后取而代之的就是让乏味来逐渐磨损自己的生命力。这就导致一部分射手总是安定不下来，成为不少人口中“未必以结婚为前提但喜欢谈恋爱”的臭流氓（特别是射手男），也让父母在一边操心不已。另一部分射手倒是按部就班了，但随后折腾天性一发作，就被认为是婚后仍然不成熟、不爱负责任的伴侣。

你们大多并没有刻意去花心的恶意，所以对贴在射手座身上的花心标签并不认同。但你们也承认自己是太喜欢享受人生中有意思的东西了，要让你们在关系中保持热度，唯一可行的就是对方得是个比你们更有趣、生活更精彩的人，好让你们觉得对方总能给你们带来惊喜，两人的日子怎么都过不腻。否则，本来尚能保持同步的伴侣，随着时间的推移，反而会因为关系的稳定而开始不再前进，希望保持旧状，导致你们被其他地方的风景吸引。起初你们只是好玩，并不抱什么邪念，可谨言慎行不是你们的风格，到后来擦出了火花也懒得约束。反正事到临头再说，事发后可能引起的动荡对本身就喜欢变动的你们来说也并没那么可怕。

2014年射手座爱情运：学会随缘，安度高潮后的平淡期

经过了过去两年跌宕起伏的情感大戏后，2014年射手座的情场走起了零碎的小品剧路线。除了每个人自身具体不同情况之外，对射手这个群体来说，情感高潮主旋律已经奏毕，余下的是些缓慢的行板和间或的

小插曲偶尔来点缀下生活。所以在今年，射手们需要珍惜手中握着的幸福，对一些可能无法长久拥有的快乐只需留下美好追忆，不必执着，这样你们今年的情路就好走得多。

今年头8个月里，你的社交宫天秤座都被火星渲染得无比热闹，看似桃花机缘无处不在，可要想寻找持久而靠谱的还真需要点运气。对那些围绕在你身边触手可及的艳遇得小心行事，就算你十分想得开，只想来段并不认真的露水情缘，也得打探清楚情况再下手。特别是那些抬头不见低头见的职场火花、名花（名草）已有主的纯来排遣寂寞的闲杂人等，真沾上了没吃到几口羊肉却惹一身腥的事可大大划不来了。

特别是那些已有稳定伴侣的射手，别抱侥幸心理，相信自己总能转危为安，今年象征出其不意的天王星会经常与火星冲突，制造些突如其来且又出乎意料的情感动向。在这种不安定的星象下，想守住些秘密着实不容易。

其中高潮会发生在1月和4月前后，大十字星象将给你的人际关系带去紧张压力。某些关系将在此时到达临界点，例如一些左右为难的暧昧情缘、对某人一瞬间莫名的怦然心动、大亮说再见的短暂欢爱……很多平时压抑着的情感和问题会在此时浮出水面，无论是带来措手不及的冲突，还是让人惊讶的闪恋，新的变局也许就此发生。如果在当下的恋情中，你们双方有人做了些不为人知的勾当，此时很可能就是摊牌的时候。

在白羊座内的天王星也影响到射手们生儿育女的情况，在那两个月里，关于孩子方面会有令人吃惊的消息，所以若正有怀孕打算，也许它会正中你们下怀，但得小心母子健康，因为今年上半年在情感和子女方面充满意外变奏。而那些仍是单身的射手，在没做好迎接新生命的准备时，安全措施务必放在第一位，避免害人害己。

已有稳定伴侣的射手们若打算来次双方家庭会议，商讨未来组建小家庭的计划，也最好避开1月和4月。彼时矛盾重重的星象会让大家意见难以达成一致，少了些包容和体谅，却多了不少火药味，这会令你们的关系前景蒙上阴影。相对而言，2月更有利于协商。理性的水瓶能量能中和谈话中的冲动及主观，在新春期间力求和睦的人之常情也能使大家更具家庭大局观，也能获得家人更多的支持和理解。

6、7月有些射手会有表白、订婚等喜讯传出。当然这些好事不可能是凭空而降的，若你之前在感情上一直交着白卷，连一个暧昧对象都没有的话，那此时与其盼着奇迹发生，倒不如利用这段时间来搞些社交，拓宽下圈子，去认识更多的人，为将来打下基础。

7月下半月，木星来到狮子座，随后火星又终于离开天秤，奔向天蝎，射手们走起了精神恋爱路线，虽然其中一部分原因可能是因为异地恋、因为各种事务导致的聚少离多。不管怎么样，2014年下半年射手们开始更侧重追求双方的精神交流和默契。

当代交通和通信工具的发达给我们的远距离恋爱制造了不少便利。在9~12月，不少射手会出门旅行，一段美妙的邂逅可能就在旅途中发生。各种网络社区能使距离产生美，你那自信又风趣的贪图、别具一格的视角都会给人留下深刻印象。在10月，没准还会传来些你已久不联系的旧人消息。

不管是何种恋情，始终要回到现实之中经受考验才能走得更远。12月24日，阔别了26年的土星再度来到你们射手座内。它和乐观、幸运、不受约束的射手特质完全相反，象征着现实的束缚、三思而后行的谨慎。首当其冲的会是你的家庭内务，若之前你觉得所谓爱情就是有情饮水饱，大家在一起开心就好，那未来一年你将不得不为这段关系的持久考虑更多现实物质层面的问题。

2014每月性格正能量——射手篇

1月:

近期你对自己的财务状况和收益前景有些太过乐观，然而赤字累累的账单会将你拉回现实。社交运持续走高，然而一时之间太多约会让你疲于应付。警惕因为饭局过多而导致的消化不良或食物中毒。频繁的聚会活动没准会让你和某人擦出火花，但此时开始的感情往往仅是短暂的露水情缘。有伴侣者你们近期单独活动稍多，小心不要冷落了彼此。

2月:

水星逆行会带来许多老熟人的消息。也许你会被邀请去参加校友会，或是长久未曾见面的朋友突然出现，并同你一起共度了一段愉快时光。从那些旧识口中，你可能还会听闻有关昔日旧爱的消息。在事业方面，这段时期与其去拓展新领域，不如考虑如何充分利用手头资源，看看能否和老客户或合作已久的搭档一起推动工作成果，更上一层楼。

3月:

近期你的社交活动格外活跃，这种状况仍将持续相当长的一段时间。对于单身者来说，显然尤其该把握这个机会结交新人。你向来爽直，可是在未来两个多月的火星逆行期中，你得留神因为无心之言而影响到你的人际关系。在3月下半月，可能某位男性老友为你带来事业方面的良机。

4月:

你的感情状况有些混乱，也许会和某人突然擦出火花，甚至闪电般地宣布喜讯，令人大跌眼镜。此时出现的追求者中，有些人未必专一待你，需仔细分辨。对重大财务决策请多加小心，切勿被看起来很美的“钱景”冲昏头脑。和某位朋友的关系可能画上句号。

5月:

你就像一个开心果，有你在的地方，气氛常会是活泼而有趣的。在不经意中，你也许就打动了某人的心。若本月你发现有人格外爱和你聊天，也许是对你有些好感，若你正单身，就抓住机会趁热打铁吧。已有伴侣的射手同样能有段相当温馨的时光，也许还会收到怀孕生子的好消息。

6月:

本月你有些懒散，工作节奏十分缓慢。虽然会有些好心的同事帮你承担部分任务，减轻你的负担，但你心不在焉的状态依然会惹来一些非议。这对洽谈业务、销售产品却是极有利的时期，通过你那灵活的社交手腕，没准能拿下些大额订单。此外本月得小心因为吃了太多美食又缺乏运动而导致发胖。

7月:

在各种社交活动中，你会遇到不少有共同语言的朋友，或是遇到可以互相交流许多工作想法的同行。你们聊得十分尽兴，若是单身，可能还会打算试着进一步交往。有伴侣的射手和爱人间相处得极为和谐，这是相当温馨的时光。7 月中木星进入狮子座，未来一年你打算开拓自己的眼界，去各地旅行，学习些新知识。

8月：

刚进入 8 月，你就来了次说走就走的旅行。这可能是精神上的——去报名参加门课程，也可能是真正地走出家门，领略一下异域风光。对从事文化、教育、传媒行业的射手格外有利，你们会有突出表现，拿出优异作品。这份好运将持续一年，所以在制订计划时可将目光放长远些。

9月：

你有许多在公众场合下发表意见的机会，而你那开拓的思路及丰富学识将获得大家赞赏，人们都乐于向你求教。因而在下半月你将忙碌许多，没准还会遇到一些热情的追求者，你的感情生活充满激情。有个关于学习或旅行的好消息将突然而至，让你兴奋不已。

10月：

这将是你最喜欢的社交之月，你所到之处无不充满欢声笑语。空出日程表，准备好参加各种聚会和群体活动吧。无论在生活中，还是虚拟的网络里，你都有着举足轻重的影响力，除了享受交流的乐趣之外，所有需要人脉、人气的工作也都进行顺利，例如市场推广、发布作品、争取更多客户等等。当然，你的感情也将受惠，结识新人或进一步巩固关系，一切都能朝着你希望的方向发展。

11月:

相比一分付出一分收获的摩羯，幸运的你仿佛总是能轻松地获得成功。近几个月来一直忙于享受生活乐趣的你，却因为无意之中结下的人缘而获得不少便利和机遇。本月是一段闷声大发财的时期，一些有利可图的机会将出人意料地落到你头上。这也是休整之月，你显得比平时安静许多，喜欢一个人独处，或仅和少数密友共度。

12月:

这是一个新的开始，未来近三年时间里，你将明显感到肩头责任重了不少，你不再能轻松度日，靠运气或小聪明来渡过一个个难关。这是个繁忙的季节。不少射手可能正开始新一轮的学习周期，甚至去海外留学，或背井离乡换个地方工作。也有些刚刚成家、生子，多了些新的责任和义务。土星在月底会在射手座待上近3年的时间，你生活中所有不够稳固的领域都将经受考验。

2014性格正能量

摩羯篇

Capricorn

事业换跑道，情感上正轨，人生角色大转型

自从2008年冥王星进入摩羯座以来，你们恐怕已经对“考验”“蜕变”这些词习以为常了。2014年又将是历史的重演，它会和2010年的情况类似，你将经历从家庭到事业的彻底变动。这4年来你成长了多少？结局和4年前是否会有些不同？让我们拭目以待……

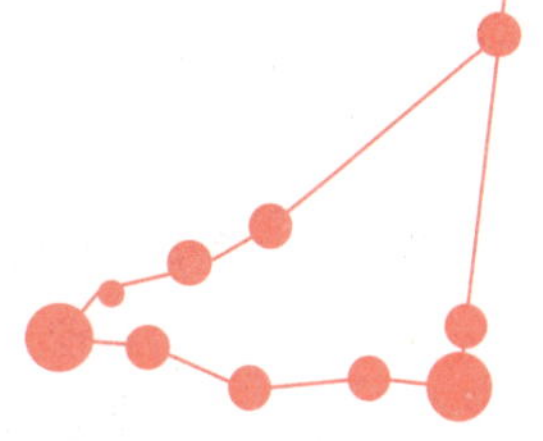

[事业篇]

解析摩羯座的事业症结：欠缺安全感和信任导致背负过多责任

摩羯座的守护星是土星，它象征着阻碍、延迟、责任、负担，所以在它的影响下，摩羯座在早年就会反复切身经历“没有付出，就没有收获”的情况。其他人可以侥幸过关的，放到摩羯身上就行不通。比如蒙考题范围总是蒙错、出勤率 99% 偶尔逃课一次偏偏就那次老师点名了、百密一疏想着不会那么点背结果那个“万一”的可能性还是落在了你头上……久而久之导致摩羯们就养成了事先必须做好万全准备的谨慎性格和对责任的超高敏感度，因为每次一有疏漏，就会尝到苦果，潜意识中已经在“我做得不够尽善尽美”和“我会倒霉”之间画上了等号。

于是成年后到了工作岗位上，这种心态也决定了摩羯的事业路线。你们不敢把步子迈大，坚信“小洞不补，大洞吃苦”，就怕在飞步前进过程中有了那么一丁点问题没考虑周全会打乱自己的全盘计划。你们不仅爱用先苦后甜、笑到最后的才是胜利者安慰自己，更习惯“自找苦吃”，轻易到来的好运气反而不敢相信、甚至不敢接受，而选择那些漫长迂回而又辛苦的路走，仿佛这样才能确保自己最终能获得回报。常说“摩羯是大器晚成的晚发型”，这其实是你们自行选择的结果——不求最快，但求最稳妥。

也正因为如此，你们被认为是值得信赖又靠谱的星座，把任务交给你们不用担心会出“豆腐渣工程”，因为你们太怕承担万一失败的责任了。你们也甘于为工作而放弃业余时间加班，越是辛苦，你们才越觉得自己就可以心安理得地承受所有好运，伴随这种“贱”性而来的是踏实感，因而越发无法自拔。

可是摩羯的这种倾向常会发展过度，成了越俎代庖。你们连带团队中其他成员的责任也习惯往自己身上背，生怕别人延误进度或是做得不够好，于是忙不迭地去代劳，甚至收拾烂摊子。可是实际上你心里是觉得每个人都该像你那样做事才对，内心有些隐隐想用自己的行动来做示范，指望别人能向你看齐。然而实际上绝大多数时候，大家反而乐得有你分忧，个别不那么靠谱的同事，可能因此把自己的分内事也扔到你头上了。

于是你一边埋头苦干着，一边又抱怨不已，并对那些做得比你少，却拿差不多酬劳的人感到愤愤不平。这似乎形成了个死循环。要么别做那么多，要么就别抱怨，可很多摩羯哪样都做不到。

2014年摩羯座事业运：挑战重重，先苦后甜，于窄路中华丽转身开辟新局

自从2012年秋土星进入你的社交宫天蝎座后，你一直致力于如何获得别人的认可，包括你的朋友、你所在团队内的共事者、你产品的受众和客户群体，其中不乏有地位、有权势的人，满足他们的要求并不容易，这股压力将一直伴随你至2014年底。

所有这些人事层面累积下来的压力和矛盾将在2014年集中发作。

今年头 8 个月，你的工作都会让你有种猝不及防、兵荒马乱的感觉，这种情况早在 2013 年 12 月已经出现一些迹象。工作任务越压越重，让你看不到头。对部分摩羯而言，这是因为过去的努力而获得晋升或得到更多项目的缘故，这些大好发展机会你们自然不会错过，于是导致接下了过多的工作量。也有些人则纯粹是被没完没了的工作量吞没，疲于奔命。

然而令人沮丧的是，你付出了那么多心力，却暂时看不到多少认可。你觉得处处被人掣肘，强势的合作者和客户坚信自己的正确性不易被说服，上级部门又朝令夕改，苦的是下面干活的你们。这种状况在 3~5 月间格外突出。

与此同时，由于 2013 年下半年以来，摩羯的婚恋也有了重大进展，有人决定携手共度，也有人决定分道扬镳，这使得你们在 2014 年上半年会呈现“蜡烛两头烧”的情况，在已经排得满满的工作日程中硬挤出点时间分给家庭。

在种种冲突之下，你感到自己的精力几乎快被逐渐耗尽，你不得不开始考虑，该做些什么来改变这种现状？不少摩羯可能早在 2013 年已经计划着跳槽，或打算缩减自己的工作量，将一些已无法带来太多收益、上升空间也不多的职责卸下。但由于刚进入 2014 年头一个月，我们就开始面临着各种混乱星象，1 月时掌管你事业宫天秤座的金星在你摩羯座内逆行着。到了 2 月，守护着你工作宫双子座的水星紧接着也开始了逆行。3 月象征行动力的火星在天秤座内逆行，这些星象会导致你在年初时做的工作方面决定、申请和计划等，都会被屡屡拖延。

一直到了 4、5 月，摩羯那一系列改变生活跑道的决定可能才会真正得到实行。例如学会放权，将部分自己已无力应付的任务转交给别人；摆脱当前工作中复杂的人事环境重新找份新的工作；将自己个人生活安排也逐一搞定，如搬家、结婚、分手、生儿育女……总之在2014年头8个月，紧锣密鼓的安排让你几乎喘不过气来，此时所做的一切改变、投资，一时半会儿间可能看不到成果和收益，但这并不意味着毫无作用。

从7月份起，事态就开始有了转变的苗头，未来一年将是摩羯们的收获季。木星从7月16日起进入狮子座，这是个能为你带来不少财务方面帮助的位置，所有和他人钱财相关的事都能得到好运。这份财务领域的好运将一直延续到2015年8月中，好好利用起来吧。在该段时期，你会比往常更易成功申请下来贷款、争取到资金注入、顺利收回大笔资金援助等，也容易有更具实力的客户和合作者找上你。收入的提升意味着更大的财务自由，能为你实现下一步目标提供不少方便。

一直在你事业宫天秤座内制造种种冲突、矛盾和繁忙的火星也在7月26日离开了此地。你的工作节奏将明显放缓，紧迫感开始消失，终于能回到一切由你掌控的局面了。火星随后来到的是天蝎座，工作量大大减轻的你将有更多的时间和朋友们聚会，也许在这之前，你已经不得不失约了许多次，现在是你补偿他们的时候了。

从7月26日至9月14日，也是你扩大自己交际圈和影响力的好时机，工作性质和销售、市场、出版传媒相关的人更应当把握这机会。但注意在社交中收敛些好为人师的倾向，哪怕你的意见再正确，别人也有自己的做事习惯和喜好，不必你再三指出，除非你是对方的上级。

到了9月，家庭方面的事务此时已经上了正轨，家人的支持和负担的减轻，让你可以在为事业努力时更无后顾之忧。甚至当你需要资金支持时，你的家庭和伴侣也会站在你这边给予你必要的帮助。逐渐开朗的局势让你内心重新燃起斗志。

10月中旬大概可以称得上是你今年事业的阶段性高潮了，很多事会在这时取得可喜的进展和圆满结果。由于10月的水星逆行，所以更适合将过去未完成的工作收尾并发布成果，甚至将一些曾被搁置的计划重新拿出来审议，你会发现此时几乎所有人都站在你这边。你取得的成绩将得到一致好评，业绩节节攀升。

随后不久的10月26日，火星来到摩羯座内，直到12月5日才离开。它将带来旺盛的人气，使你炙手可热。这最后两个月是无比忙碌的，火星离开后的12月中旬，金星、水星、太阳等也陆续光临你的星座，众多责任都交到你的肩头。但和2013年的这个时候不同，那个面临人生重大转折而心中忐忑的你已经消失，取而代之的是胸有成竹的你。即便在此时取得的成绩还无法满足一向对自己高标准严要求的你，但至少你对未来有了个清晰的认识，这令你觉得局势已重新回到了你的掌握之中。

12月24日，在你社交宫内待了2年多的土星终于离开了。从此刻起，你将慢慢觉得好像周围人对你变得更宽容，你所做的一切都更易获得回报。其实改变的并不是他人，而是你比起2年之前更明白该如何处理人际关系，在做好自己本分的同时让成果也能符合别人的需要，你进化得更完美了。

[理财篇]

把脉摩羯座理财症结：
信奉一分耕耘一分收获，互补合作效益更高

土象星座普遍看重现实层面的得失，和处女注重合理性、金牛注重

通过物质获得安全感不同，摩羯的价值观、理财观在于“有用”和“回报”，所以他们习惯将无形的价值转换成有形财富。比如人脉资源、兴趣爱好等，这给人种“无利不起早”的感觉。实际上摩羯们只是注重效率罢了，他们会顺便将任何行为和事物都往“有用途”上去规划，并尽力将它做最大化的利用。

摩羯在具有好事多磨特质的土星守护下，信奉等价交换，有付出才有收获，不劳而获的好运你们不敢奢望。所以通常摩羯们喜欢采取十拿九稳风险小的赚钱方式，因为这样能让你们觉得一切尽在掌控之中。除非你们对自己的技能有绝对的自信，或是局势已经纳入掌控之中，否则你们甚至不敢相信一些仅需付出小小劳力便能获得大回报的机会。

这种谨慎使摩羯们往往发迹较晚（除非生长在一个能为他铺好康庄大道的家庭），因为你们在自己尚不具备足够力量之前不敢把步子迈得太大。要想让财富快速增长，也许该找个性格和你互补的合作者，来推动你向前走，或是委托他人进行理财，取长补短。

2014年摩羯座财运：先付出后收获，好人缘带来高回报

摩羯任劳任怨，为了就是有朝一日获得回报，他们心里有本账，所有的忍耐都会计息，可不是甘心做白工的族群。

2014 年摩羯的财运就是这种先苦后甜的节奏，它被木星以 7 月为界划成了两种不同的步调。摩羯素来喜欢一个人埋头苦干，因为只有这样，才能尽可能地将整个局势和进程纳入自己控制之下，人越多则变数

越多，需要做的妥协也就更多。但从2013年6月起，木星来到你的合作宫巨蟹座，直至2014年7月16日木星离开此地之前，都是贵人运当道的趋势。

各种合作机会层出不穷，而且它们的前景都那么充满诱惑让你难以拒绝，但却和你之前的设想有很大出入，让你犹豫要不要开始新的尝试。1月的金星逆行会让你有充分的时间去考虑。这些合作项目可能给你的家庭计划同样带来不少影响，也许到了2月，你会和家人商讨一下自己新的蓝图，因为这些事离不开他们的支持。

房产事宜和家庭财政管理也是上半年的主要焦点。在经过2013年的感情戏之后，不少摩羯的婚恋关系到了一个转折关头，相应的房产的购置、分配，为未来家庭变化所做的资金准备等问题将在2~4月进行集中探讨，一笔巨大的开支在所难免。

特别在4月，无论是家庭和伴侣间的内部财政问题，还是你和合作人、中间人的磨合，都会遭受巨大挑战。你可能觉得对方步子迈得太大，总是提出超出你预计的要求，而让对方受不了的就是你的斤斤计较、步步为营的死固执。4、5月将是因财反目的一波高潮期。

经过了风雨之后的关系将更牢固，从不会让工夫白费的摩羯们终于迎来喜获丰收的秋天。7月16日，木星进入狮子座，那里对摩羯来说是掌管偏财和他人资产的第八宫。未来一年大家将对你特别慷慨。所以那些从事销售、业务、合作生意、咨询、服务、或者其他能得到提成的中介类工作会格外吃香，所有以人缘为基础的行业都将成为你的福地！

如果手头有余钱，也可以考虑投资。狮子座是奢侈品的象征，所以投资、做生意、合作时可考虑贵金属、龙头股、知名大企业、名牌商品、首饰、娱乐业等领域。这类偏财运将持续到2015年8月。

到了10月，你平时积累下的好人缘将进一步发威。客户会踏破你门槛，你的作品将广受欢迎，如果此时有人给你提供机会，就大胆接受吧，特别是和一些公众活动、传媒推广相关的活动。即便你仅是个默默无闻埋头苦干的普通文员，同事和上级的好评也会让你觉得过去付出的努力都是值得的。趁这股旺势去大胆争取加薪和升职吧，甚至还会有猎头向你推荐其他待遇丰厚的职位。

如果上半年你的婚事、家务事曾发生不快，陷入僵局，那么7月后也是旧事重提的时候，特别是在10月。你会发现相关人员都变得特别好说话，伴侣也乐意给你更多支持和宽容。若之前家庭经济压力使生活笼罩上低气压，现如今随着事业上轨道、收入增加，轻松的气氛开始回归。

记得务必要一直保持往来账目的清晰，俗话说“亲兄弟，明算账”，共患难的朋友在同富贵时因财失和的不在少数。尤其是11月时，也许因为下半年工作量大增，林子大了什么鸟都有，难免遇到些难应付的客户或同事，自己也容易忙中出错。所以这个月容易导致些索赔、延迟付款、资金周转不灵、因价格或账目发生分歧之类的事，需要本着负责和求实态度小心应付，勿使事态扩大化。

到了年底，你就有段时间可以静下心来，盘点这一年可喜的收益，为下一年的新计划新打算筹备起来。

[爱情篇]

写给摩羯座的情感私房话：
感情可以是投资，也可以纯粹是段经历

摩羯在感情方面有着两种截然不同的头衔，一个是“最靠谱的伴侣”，然而另一个却是“最无趣的恋人”，仿佛他们最适合扮演的情感角色就是跳过恋爱直奔结婚，好放心地将自己的爱、精力，甚至钞票，投入自己的小家庭中。

因为你们是无比现实的一个星座。这绝不是指拜金、傍富这些肤浅形容，你们对待感情就像对待工作，注重功用性和效率性，以结果论英雄。

除了少部分“玩家”式摩羯之外，大部分都是以“正式谈了就必须成”的态度对待感情，若是一段感情历经几年后依然不得不以分手收场，其他星座或许更多是在痛惜失去曾经的美好，而摩羯的心态就像是“给老板白打了几年工”一样苦逼，觉得过去付出的时间和精力统统白费，下一次当感情来临时，吃一堑长一智的你们就会更怀疑感情，吝于动真格。

你们在恋爱上总有个“叶公好龙”的毛病，看着各方面条件并不如自己的人一样有人疼有人爱在节日里出双入对，感慨自己依然孤身一人，然而当真有追求者出现时，却借口多多行动迟疑。并不能说你们这样不对，只是你们一方面做出了选择——非靠谱的、没有可能结婚的感情不要，另一方面又总在抱怨自己没有桃花、没有恋情、甚至还会因为那些单方面爱上自己的人未达到标准而反倒有种莫名其妙的糟糕心情，好像是被狗咬了口似的（这在摩羯女身上体现得更明显），然而这难道不是本该值得高兴的事吗？

2014年摩羯座爱情运：把握多年未遇的良机，忙中抽空，找到携手共度的另一半

从2013年6月木星进入巨蟹座——摩羯们的伴侣宫开始，谈婚论嫁已经再度成为摩羯们生活中的主要议题之一。摩羯们会比往日里多出更多情感选择，亲朋好友张罗着介绍的、或是那些殷勤的追求者，可能不少摩羯在那时已经完成了人生大事。

因此2014年对已有伴侣的摩羯来说，主要任务将是如何适应自己人生角色的变化，顺利适应新的责任。从2013年12月至2014年7月底，将是本年度最为兵荒马乱的时刻，特别是4~6月。不仅是工作中种种状况让你分身乏术，就连家宅这个大后方也不安稳。买卖装修房屋、打点双方父母、承担各种家庭义务与责任，都需要你亲身参与。这绝不是简单推说一句“工作忙，顾不上”就可以获得伴侣谅解的时候，因为对方的情况比你好不了多少，也正需要你的支持。一进入2014年之际，恐怕你就得和另一半打好预防针，为忙乱的上半年做好心理准备。

从8月起，情况就将有显著好转，之前半年紧锣密鼓的工作变动使你们的收入更宽裕，家宅也打点完毕，你终于能开始享受生活了。若有造人计划，5月和11月将是你最可能升级成父母的时段。考虑到上述原因，放在11月的话节奏会更安逸些。

至于单身的摩羯，若之前的2013年尚没能把感情落实下来的话，今年可得加紧节奏。今年星象的影响可说是12年以来对你的感情最有利的阶段，俗话说“顺风驶尽帆”，将自己的生活节奏尽量和宇宙趋势

保持统一步调，就能事半功倍。

可能在年初你对感情依然有些选择不定，你总是怀疑自己是否真的已经准备好进入一段正式的关系。你所遇到的潜在对象极可能是通过老朋友介绍，或是与长期参加的群体活动中的某位熟人日久生情，甚至是昔日恋人回头，对方条件不错，对你也殷勤，不由让你心动。

但摩羯感情上的老毛病在此时又会出来打个大大的问号。摩羯男由于上半年工作也恰是到了紧要关头，于是又习惯性地想先搞定事业，打下经济基础再说。而相对感性的摩羯女总觉得这和自己想要的爱情仍是有些不一样，对未来自己究竟能否获得幸福缺少点信心。所以在 1、2 月的时候，你可以好好想清楚自己的心意，该怎样利用这么多年难逢的脱单机会。

在 2013 年 12 月底至 2014 年整个 1 月，金星恰在你摩羯座内逆行，若此时有突然发生的恋情或旧人回头，请先慢一步行动，因为此时你的心境与平时大不相同，最好等到 2 月之后再看看自己是否会改变心意。

到了 3 月时，已经想明白的你就能解开心结，去尝试一段新感情。4~6 月将是关系发生根本性变化的时候。这是个非分即合的阶段，部分摩羯会迫于家人催婚、年龄、对未来的考量等现实需求，而终于迈出“带对方见父母”的关键一步。对于这桩婚事，也许你们和家人的想法并不一致，这甚至令你们为难，但到了下半年，双方自会达成一致。也有些人在此际真正认识到对方并不适合自己，决定重新寻觅。

从 7 月起的下半年，很多事都已上了正轨，彼时你就能投入全部精力去经营好感情了。那些仍形单影只的摩羯，对感情的态度将趋于务实，特别是注重对经济基础的考虑，如能不能给自己安稳舒适的生活，是否能料理好婚后的日子让自己无后顾之忧等，这样有了具体的条件之后，反而能很快找到合适对象。已经初步敲定婚事的摩羯更是顺顺利利地操办起了喜事。

9、10月份，摩羯易有突然来电的感觉，缘分就这么莫名地发生，出现闪恋与闪婚也毫不奇怪。但这段时期会和4~6月有些类似，既有推动进程的强大驱动力，又同时伴随着压力，可能摩羯又得面临人生各方面的重大选择，包括事业和感情上。可以不必急于一时敲定，放在10月25日之后和11月时做最终决定更稳妥些。

2014每月性格正能量——摩羯篇

1月:

这是大动干戈的时期。许多摩羯正面临调动工作、搬家置业等大事，许多旧事需要清理交接。和上司或其他权威人物之间关系会些紧张，因他人导致的意外状况常打乱你的工作节奏。这些繁重的压力让现实的你不得不将感情置于次位。好在你的付出会在1月下旬得到回报，一笔令人满意的收益将在此时出现。

2月:

本月的金星恢复顺行和水星逆行对你来说格外有利，你新一阶段的事业将在此时全面启动。过去积累下来的人脉和名望将发挥巨大作用，大家都很乐意给你提供帮助。下半月当水星逆行回到水瓶座时，一些应收账款会在其后2周内陆续到账，之前尚未敲定的业务也将落实下来。

3月:

由于火星的逆行，在未来3个月内你在工作中切忌操之过急，否则会受到许多来自其他人和外界舆论方面的阻力。你的交流能力在此际能发挥有利作用，所以可以多和上司、客户、合作人聊聊彼此的想法，增进理解，也有利于教育、创作等这类和表达能力相关的工作。在感情中，温柔话语远比送份厚礼来得管用。

4月:

发生在你家庭中的状况让你不得不放下手头工作去解决，可能双亲中的某位健康欠佳需要你的照料，或因为正忙于搬迁、装修而脱不开身。不少人对当下工作不满正考虑离职。单身者会被某位年长成熟之人吸引。若已有伴侣，小心彼此和对方父母的关系陷入僵局。

5月:

工作的忙碌仍在持续，但本月你的创意思维格外活跃，能想出些点子来提高效率，并使工作过程变得有趣。这样你就能抽出更多时间来和爱人约会，度过一些浪漫之夜，享受一下豪华大餐。如果尚未确定关系，本月的星象最适合通过请客吃饭来拉近关系了。

6月:

从本月开始，你的工作开始变得顺畅起来，这让你轻松不少。本月如何加强协作、互帮互助，为你争取到更多人的支持将是工作重点。一些年长或身居要职之人会在工作、生活中帮上你的忙，遇到问题向资深员工、家中长辈请教就能迎刃而解。若仍是单身，就去请求老朋友、家中长辈为你介绍吧，这是非常有效的途径。有伴侣者会发现恋人和你的朋友们能友善相处，这会让你觉得非常欣慰。

7月:

木星在月中将离开你的伴侣宫，这并不意味着你的感情运就此终结，而是提醒你该考虑如何进一步深化你们的关系。你的着眼点将从寻找能互相陪伴的伴侣，转向去考虑该如何与对方一起共享资源、分担责任、融入彼此的生活。在工作中也有类似情况，交易或合作性事务所占比重将有显著提高。也许你向来爱单打独斗，以便能完全掌控进度和工作质量，但现在该学着放权，寻找合适的人来分担了。这就是你未来一年的新课题。

8月:

火星于7月底离开了天秤座，你的工作节奏将变得平和许多，和上司或一些权威机关及人物间的关系也不再剑拔弩张。木星将在狮子座里待上一年，意味着你可以通过人气、人脉来获得收益。本月至9月上半月，在天蝎座内的火星能帮助你在人际交往中更主动热情。但注意你那好为人师的倾向，表达善意时不要老采用给对方提建议的方式。

9月:

你会收到关于你家庭的财务喜讯，例如某位亲戚慷慨地赠送了你一件礼物，或是家人给你提供了一些经济支持，好让你日子过得更轻松些。若正打算购房、装修，也能找到价格合适的房子，并获得你所需要的贷款。不少人会选在此时搬入新居，制订旅行、求学计划。正在谈婚论嫁的摩羯们，双方家庭将能在购房和婚事筹备事宜上圆满达成一致。

10月:

没什么能比事业上的成就感和经济收益更令你们摩羯安心的了，这是今年你们最辉煌的时刻。你们优异的表现将得到所有人的赞赏，也许还会获得一些奖项，升迁至你渴望已久的职位，得到一些重要的机遇。

这些成功并不是仅是华而不实的虚名，群星和木星间的良好相位确保了你将获得不菲的收益，人们也很乐意花钱购买你的服务和产品，投资你的项目。

11月:

近期你在工作中的出色成就使你成为人群中的香饽饽，许多人乐意找你帮忙，业务量和工作量因此都大了不少，让你有些应付不过来。你不能碍于情面就接下所有的事，你得学会对有些纯粹耽误时间、交情又没到一定程度的求助和要求说“不”。

12月:

你的工作态度一贯尽责高效，因而在年底这个许多人忙得热火朝天的时候，你已提前完成了任务，能有许多时间轻松一下。热闹于你是种负担，此时你只想独处，放空，做些冥想，去个安静地方度个假，看些自己喜欢的书，让心灵得到充分的休息。12 月底土星进入射手座，居安思危的你不会满足于当下的成就，反而会考虑如何通过丰富自己的内在来增强实力，未来三年正是该勤修内功的时候。

2014性格正能量

水瓶篇

Aquarius

生活需要张弛有度、劳逸结合

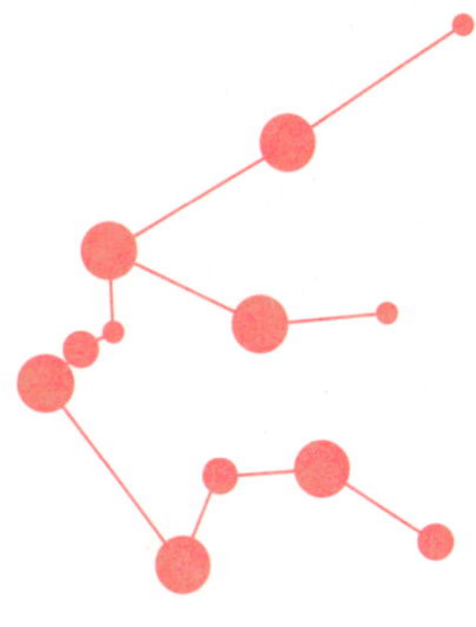

紧紧跟上星象变化的节奏是水瓶座人过好2014年的关键。头7个月是为理想而奋斗的时期，而剩下的时间，就该听从心的指引，去找到能与你携手并肩的人生伴侣或业务伙伴。只要能平衡得当，2014年将成为你们事业与爱情双丰收的一年……

[事业篇]

解析水瓶座事业症结：
另辟蹊径可能是捷径，也可能是弯路

特立独行、喜欢团队作业、善于发动群众等，这些都是贴在水瓶座人身上的标签。所以水瓶座人常能跟得上新的潮流，甚至成为引导新趋势的领头羊。但别忘记，通过另辟蹊径发现的也许会是一条捷径，但也同样存在着绕了弯路的可能性。

作为固定宫的一员，水瓶座的“固守”特质是体现在对自己想法正确性的坚持上，无论表面上水瓶有多么喜欢变化、出其不意，貌似能客观听取意见，但实际上要想说服你们可不容易，因为对爱创新、叛逆心强的水瓶座而言，惯例和公认的理论甚至数据都是你们质疑的对象，然后你们会用建立在自己理论基础上的道理来滔滔不绝地说服对你们这套观念既不了解也不认可的对方辩友。这种简直不在一个频道上交流的状况一再发生，为你们博得了“外星人”的称号。

若最终事实证明你们的理论正确可行，那么“超越时代和他人陈腐思维的先锋人物”这个称号非你们莫属，然而你们也得认识到，生为水瓶座人，并不能直接和见识永远正确画上等号，任何星座都是良莠不齐的。所以这种敢于质疑的精神也常常演变为强词夺理，令人敬而远之。

学习前人的理论和经验能让我们站在前人的肩膀上，省去很多摸索的

时间，这并不等于盲从。如果总想显出自己的独特性而一味去质疑前人，就难免会绕些弯路。

水瓶座和狮子座类似，喜欢让自己成为芸芸众生中特别的一员。当他们独自创业、担任领导职责，或成为一名专业人士时，也许会是个思路新颖、善于发现新机遇、新理论的能手。然而也有不少水瓶座人因为自己的能力、环境和机遇的限制，免不了要成为一颗螺丝钉，此时就会有种高不成低不就的尴尬。

特别是在大型机构和团队作业中，往往虽然平庸但却能严格按照要求来完成任务的人才是工作效率的保证。水瓶座人有时会只看到质疑和创新精神的可贵，而忽略了和别人的配合，在因此遭到批评的时候不去反思，却将对方的行为视作守旧陈腐而不屑一顾。

所以走专业技术路线、自由职业会更有利水瓶座人发挥特长，否则就得警惕眼高手低的倾向。

2014年水瓶座事业运：学会配合，思维定式大换血

一进 2014 年，水瓶座人就迎来了一场剧烈的头脑风暴。你们喜欢琢磨新点子，也敢于实行，甚至不在意顶着周围的反对意见迎难而上，可是你们却很讨厌迎合世俗惯例、周围人的想法去做事。但这却正是你在 2014 年工作中需要面对的重大课题。

土星今年一整年都在你事业宫内，它使你满怀雄心壮志，将全部精力都扑在事业上，但这也意味着拼搏之路绝非一帆风顺。可能你刚升了

职或换了新工作，有许多需要适应的地方，或是发现工作量和要求比往年高了许多，不端正态度严阵以待就绝对无法轻易过关。

好在2013年下半年来到你工作宫内的木星一定程度上缓解了土星的压力。土星带来挑战和考验，而木星制造运气和机会。这是12年才得一遇的特大好运时机，它将持续到2014年7月，你有比往常更多的机会去做自己喜欢的事，获得周围人的支持。在上半年，你大走贵人运，充足的客户源、期待着你新作品、乐于聆听你意见的广大群众都将成为你事业发展的坚实后盾。

伴随赞誉和期待而来的也是压力，你背负如此之多的期望就不可能一意孤行，何况人在职场身不由己，再追求独特的你都不得不兼顾大家的意见。2014年的头4个月可以说是个观察、反省、反复尝试的阶段。

在1、2月你不得不反思那些与周围人要求背道而驰的点子究竟能走多远，也有不少人发觉自己目前的学识已逐渐难以应付步步高升的职位、日益增长的需求，开始计划给自己好好充个电。到了3月初，在你事业宫天蝎座内的土星开始逆行，上司或其他重要人物、大客户可能需要你对过去的一些工作进行返工，使之日趋完善。考验你的时候到了，在过去两个月中转换的新思路是否可行在此时便能见分晓。好在掌管你日常工作的巨蟹座内的木星在此时也恢复了顺行，确保你经过不断的摸索之后必能获得可喜的进展。

4月对所有星座来说都绝不轻松，由木星、冥王星、火星、天王星组成的大十字星象横亘在空中两两对峙，互不妥协，我们的生活相应的也会充满紧绷感。很多水瓶在工作中将发生些的突发状况，虽然一部分幸运者得到的也可能是突如其来的好机会，但无论怎样，你原来的计划会被完全打乱，给你来个措手不及。此时你有许多业务洽谈、各环节沟通或各种案头文书工作要做，拿出的方案和作品也会被一次次反复修改，挑战你的耐心、折损着你的体力乃至健康，临时决定的出差、频繁的四处奔波也屡屡发生。这将成为忍无可忍甩手不干递上辞呈的高峰期。所以最好在 4 月前，就把手头事务尽量结束掉，养精蓄锐，腾出时间来应付这个混乱无序的 4 月。

好在时过境迁之后，总还有木星帮你收拾烂摊子。它在头 7 个半月里一直待在你工作宫内发挥巨大的吉利作用，若在 4 月你拂袖而去打算寻找新去处，或面对一地鸡毛束手无策，那么 5 月在木星和土星的和谐作用下，你会在求职中获得考官的青睐，各种障碍在上司和同事们齐心协力的帮助下终能得到解决。但在你思维和交流宫内的天王星会制造点小麻烦，所以适当收敛自己离经叛道、求创新而忽视稳定的一面，否则会令自己陷入孤立局面。

从下半年的 7 月中开始，完全就是另一番光景了。随着 7 月中木星离开你工作宫进入掌管你合作关系的狮子座，而火星也终于结束了在天秤座内长达 8 个月的罕见旅程，你的目光开始从远处收回，从追求影响力的广度转向坚固精度。

在上半年，你已获得了充足的群众基础和影响力，如今你考虑的是建立起一些更牢固的亲密关系。例如从支持你的同事中，选择一部分成为你的嫡系帮手；从庞大的潜在受众中，重点培养起一些能长久合作的大客户；或者找几个志同道合的朋友，一起谋划去共同创业……在木星的支持下，从 2014 年 7 月至 2015 年 8 月，将有不少实力派人物向你伸出合作的橄榄枝。

不过新生事物在起步的时候总难免遭遇些反对意见。在 8 月，可能有些惯例和旧的规章制度束缚了你大展拳脚，师长和前辈们也爱泼你冷水。他们无非是希望你不要将步子迈得太大，因为仍然在你事业宫内那如严师般的土星厌恶一切投机取巧的行为，稳扎稳打方能走得更远。

撑到10月，你的灵感将助你解决彼时束手束脚的形势，琢磨出能在新旧形势夹缝中依然游刃有余的生存方式。更有不少水瓶座人会毅然决定换个能更方便自己施展所长的环境，甚至可能收拾起行囊，去远方的新世界闯荡。此时此刻，你会意识到自己最宝贵的财富就是永远支持着你的亲朋好友们，有了他们这般坚实的后盾，你才能毫无顾虑充满自信地向前看。

11月是给过去2年多的工作来个盘点，画上句号辞旧迎新的时候。在土星即将离开天蝎座之前，因果循环，你所积累的成果将在此时逐渐显现出来，使你清楚地看到了自己一路以来的成长。

12月24日，既是圣诞前夜，也是你的新生之日。土星结束了它在天蝎座内2年多的旅程，进入掌管你社交和人际关系的射手座。同时木星也在你的合作宫狮子座内吸引着伯乐们来相看你这个潜力种子。显然你下一阶段的新任务就是需要多做些推广工作，建立起自己专业的形象，用扎实的能力来迎接大家苛刻的审视。

2014年，你不是一个人在战斗。

[理财篇]

把脉水瓶座理财症结：
节流不如开源，经济危机成为奋斗的动力

对潮流和新趋势很敏感的水瓶座人常喜欢第一时间购置新产品，特别是数码、电脑、家电、交通工具这类能体现科技先进性的设备。很多时候，新产品往往意味着相对的高价，而且他们不会像摩羯和巨蟹座那样爱惜旧物，不损坏就舍不得换，所以他们的开支也绝对少不到哪里去，若本身收入并不高的话，很容易便会加入“月光族”。

但水瓶座人相信船到桥头自然直，没有自己过不去的坎，闯不出来的路。存折上菲薄的数字并不会带给你们多少焦虑，你们可不喜欢量入为出、精打细算这老一套说辞。经济压力常会成为你们奋斗的动力，对于开源，你们常有着敏锐的知觉，能提前发现商机。

网络平台、传媒、高新技术、高端专业技能、甚至各种冷门特殊行业是最能让你们找到商机、发挥才能的地方。由于受2011年至2026年，海王星在双鱼座长期驻守的影响，使水瓶座人能将自己的创造精神和灵感运用到发掘更大财富中去，灵修、宗教、艺术、才艺类行业将成为值得你们下番工夫好好开垦的新领地。

2014年水瓶座财运：
追求稳健和互补的生财之道

梦幻而朦胧的海王星在你的财帛宫双鱼座内还将待上十几年之久，

虽然它的负面影响是会导致水瓶座人对自己财政状况的评估一头雾水，盲目乐观认为形势一片大好，但好在它也是艺术与创意之星，如果能选择将这股能量运用到独辟蹊径开拓出全新生财之道的话，那么你将迎来十多年的新一波财运。

木星在今年上半年会在你工作宫巨蟹座内同海王星呼应，这两颗星恰巧都有同文艺相关的含义。所以水瓶座人该留意下自己能否通过与之相似的行业或工种获利，如：娱乐、演艺、文化、创意设计、学术教育等。

不过从 2 月至 4 月，你可能将迎来今年最大的一次财务动荡，这多半是因为不少水瓶座人会在此时考虑转换下环境、给自己的心灵和头脑来点新的刺激。在职场中将发生些巨大的人事动荡、职位的变化，在青黄不接的混乱期，难免导致收入的波动。报名参加学习班或外出旅行充实心灵，也是笔不小的开支。这个阶段由于水星的状态不良，星象严重冲突也对你的思考力、情绪、判断带来了不安定的影响，所以最好不要在财务上太过激进，也避免签署一些风险极大的资产、理财方面的协议。

实际上，2014 年你的财运完全来自于事业稳扎稳打的步步高升，你没必要也不应该去做风险投机行为。在 5 月底和 6 月大部分时间里，上司的肯定、大客户的青睐将使你的收入获得可喜增长，此外在家庭和房产方面也是喜事连连。可能你的家人决定为你的事业计划提供资金支持，或者是购买、租赁到了性价比极高的房产。

受海王星影响，如今的你对理财更多会依赖直觉，然而直觉和错觉常常仅一线之隔，所以借助旁人客观的判断会更有利于做出正确选择。作为水瓶座，你自然深知人多力量大的重要性。到了 7 月之后，也许你该考虑找个能与你互补、相辅相成的帮手，使手中的财富不断翻滚壮大。尤其对一些领着数年如一日死工资的水瓶来说，合作伙伴带来的新思路能帮你改变这一困境。

2014 年的下半年，是水瓶座的桃花期，不少人会传出婚嫁的喜讯。在当下的现实环境中，这也意味着相应而来的高昂开支。特别是在 5 月和 11、12 月，购房、装修计划将提上议事日程。所幸在宽宏大量而好运的木星帮助下，你可以从伴侣、贷款机构方面获得足够的支持。

[爱情篇]

写给水瓶座的情感私房话：闲云野鹤和全然我行我素的两种极端

水瓶座人可以是最离经叛道的爱情追逐者，也能够拿出最现实理性的做派来生活。这和他们有两颗守护星有关——现实的土星和反传统不稳定的天王星，这两颗守护星有着完全不同的特质，在水瓶们身上却能以迥异的形式糅合到一起。或安静，或折腾，他们都有着一颗不受规则束缚，不被情感绑架、想走就走的心。

作为有些“轴”性死心眼的固定宫星座，水瓶座人自己也承认，他们一旦对感情认真起来，是很可怕的，甚至会做出一些令人不可思议的古怪行为，例如无论对方单身或有伴，无视双方身份和年龄的差异，照样长期不懈地示好。但和摩羯类似，水瓶座人经过一次刻骨铭心的失败之后，会变得不那么容易真正动感情。

水瓶座人追求精神上的共鸣，也知道现实的需求是另一回事。或许水瓶座人会和其他人一样，过着结婚、生子的平凡生活，但心灵却并未被这些束缚。一部分水瓶座人耐得下长期空窗的单身状态，这是因为不需要，而很少是出于一棵树上吊死的心态。更现实点的水瓶座人会一边找着适合自己、能给自己的生活带来便利的伴侣，另一方面也没有停下追求灵魂甚至肉体欢愉的脚步。各种功能的伴侣在水瓶座人眼里绝不会混淆，这也是因为你们自信自己有足够的理性来做到这一点。

水瓶座人有时和天蝎座挺相似。这两个星座心智进化成熟后的那一群人往往相当牛逼，而另一部分却是自我感觉与众不同的装逼人士而已，常觉得在感情中的事自己都搞得定，甚至有些想当然，直到事态脱离了想象之后，也不会反省，只会觉得对方没那个福气和眼力成为发掘你这匹千里马的伯乐。

2014年水瓶座爱情运：先抑后扬渐入佳境

看运势的目的不是让人一味等待运气从天而降，而是向你预报宇宙的风向，好让你把握它的节奏将命运的风帆驾驶得更顺畅。

木星和大十字星象的影响将 2014 年分为以 7 月为界的两个明显的阶段。第一阶段是水瓶座人热火朝天忙充电、长见识、干事业的时期，从 7 月下半开始，你们就该放慢节奏，关注下个人生活了。就如在小时候老师们常会告诫我们的那样“该学习的时候就好好学，到了玩的时候就可以放轻松享受”，这就是水瓶座人 2014 年把握好星象运势脉搏的关键。

上半年感情方面值得一提的时期实在不多。1月金星在摩羯座内逆行，到了2月水星也逆行回到你水瓶座内，这些星象或许会唤起你对昔日旧事旧人的追忆，对当下感情现状的反思，但在这工作正忙得如火如荼的时候，这些思绪并不会掀起多少涟漪，而是转瞬之间就会没了踪影。

上半年在工作中你会认识更多新人，拓宽社交圈，职场中的日久相处常带来爱的火花，然而在今年这些火花往往只不过是昙花一现。4月激烈的大十字星象带来的职场人事动荡、甚至跳槽、搬家等状况，会让本就并不深厚的感情基础随之更加淡然。

如果已经有了稳定伴侣，那么4、5两月你们会充分探讨关于结婚、装修、合资购房等家庭重大计划。但最好放在4月29日和5月再正式讨论，因为4月的绝大部分时间里，紧张的星象容易导致所有话题不欢而散。单身无伴的水瓶座则在这两个月里会因为家人对自己婚恋的热切关注而备受压力，甚至安排下密集的相亲会。

这种感情上零碎但又无多大进展的局面将从6月起开始松动。彼时你的工作渐入正轨，终于能开始操起谈情说爱找点生活情趣的闲心。6月中至7月初逆行回双子座的水星，给了你翻开电话簿，去拾起曾经被忙碌工作耽搁的那些暧昧情愫。有伴者很可能会在此时迎来新生命降临的好消息。不管怎么样，从6月起该开始收拾下自己，节食、运动、健身、减肥、购置新装，以最佳状态去迎接7月中开始的整整一年桃花佳期。

7月16日，木星来到掌管你婚恋的狮子座内，其后至整个8月，太阳、水星、金星也跟随到此为木星助威。狮子座是个充满自信和魅力的万人迷星座，所以这段时间务必不要宅在家里，走出门去，大胆将自己展示在大家面前吧。

8月至9月上半，土星带来的繁重工作压力让你暂时无法全身心投入感情中，但不要就此放弃，你完全可以将自己的烦恼拿出来和对方分享，向对方求助，也许在这过程中，一段本来处于暧昧阶段的感情反而能突飞猛进，或是和伴侣之间有了更深的了解和共鸣。

9月下半月和10月是告白之季，特别是在9月26日前后，极可能上演突如其来的表白、求婚戏码。到了10月中旬，也许你会决定公开自己的感情状况，接受朋友们的祝福。如果还是单身，那这段时间有足够的社交机会，包括网络、旅行等途径去让你结识新人。10月18、19日两天是其中格外有利于一切人际互动的日子，可以将约会、示爱、婚嫁安排在这两天，它能确保日后事态发展顺利。

11月是你工作的关键期，繁重的任务、紧逼的Deadline会让你的感情之舟暂时搁浅。百忙之中别忘了给你的伴侣或仅仅是暧昧对象的他（她）交代下近况，而不要拿出你们平时玩消失、留下对方独个摸不着头脑的老一套。只需坚持到12月，你就有大把时间可以用来约会，误会将烟消云散。

2014年最佳情场狩猎期：6月、8月、10月。

2014每月性格正能量——水瓶座

1月:

在别人正忙得热火朝天的时候，本月你们却放慢了脚步。比起一味追赶进度，你们却想放空一下，好让头脑恢复冷静清晰，理清自己对未来的想法。1 月下旬你也许会动身旅行，或决定学一门新知识。你们眼下需要的是默契的精神交流和充足的个人空间，甚至有时会觉得亲密无间朝夕相处的关系束缚了你。

2月:

由于海王星的影响，你在处理涉及金钱的事务时需要格外小心，各种相关数字和文件务必再三审核。如有财务方面重大决策，可考虑咨询专业人士。这段时期倒是可以通过文化、艺术行业或产品来获利。2 月下旬，可能某位权威人士或长辈对你有些挑剔，他们难以接受你那些别出心裁的想法。

3月:

土星的逆行意味着你在事业上需要放缓脚步，巩固手头拥有的资源，并审视在工作中还存在着哪些问题。为此你可能得重返校园，学习一些对你事业发展更有利的知识，获得几张过硬的资格证书，用来增强你的竞争力。月底你可能会收到一个财务方面的喜讯。

4月:

本月你易同他人发生口舌纠纷，说话前务必三思。某位女性同事可能会被调动岗位，连带你的工作安排也发生变化。月中你将突然接到出差通知，或准备外出旅行。一直以来，你在工作中的努力所有人都看得到，因而理所当然地将获得加薪升职或其他形式的回报。月底留神父亲或伴侣的健康状况。

5月:

虽然你希望能抽出更多时间待在家中，陪伴家人，好好享受下悠闲生活，然而本月恐怕这个愿望依然无法实现。即将到截止期限的工作带来沉重压力，非但没什么人能帮上你的忙，你还需要花费不少时间来协调各个环节的工作安排。这种情况一直将延续到5月下旬才逐渐改善。

6月:

你终于不再为繁重的工作所困，能有更多自由的个人时间了。你也许会购买些家用品，将家中布置得无比舒适。若之前因为忙碌冷落了你的爱人，或将一段正在酝酿中的关系搁置已久，那么眼下该是去主动联络对方的时候了，聊些新鲜有趣的话题、和对方一起旅行，都能拉近你们之间的距离。

7月:

如果渴望摆脱单身，或希望让爱情更甜蜜，未来一年你有的是机会实现这个梦想。延续上个月开始的蜜运，7月中幸运的木星将进入你的伴侣宫狮子座内待上一年，这是个非常明确的信号。别再被动等待，在友情与爱情的边界上徘徊不前，木星在狮子座意味着勇敢磊落的姿态才能赢得真爱。

8月:

你正值事业感情双丰收之际。7月底火星进入天蝎座，直到9月中为止，你会在工作中担起重任，这也可能是因为部分水瓶正好获得了升职，因而担负责任更重。你表现出来的领袖风范和卓越能力令人折服，许多实力派人物向你伸出橄榄枝，愿同你一起合作、交易。你也不会忽视你的个人生活，爱意正在持续升温中。

9月:

若近期你一直同某人有说不完的话，觉得只要和对方在一起生活就充满欢乐，那也许该考虑下是否有必要组建个小家庭一起生活了。工作中你将有可喜的业绩，对从事理财、金融、业务、贸易行业的水瓶特别有利。下半月你的社交活动明显增加，也许你会和朋友一起计划在不远的将来搞一次旅游活动。

10月:

如果本月不出门远行，那实在浪费了这个美好的季节。无论是和朋友一起游玩、去远方探望久未见面的亲朋好友，还是和爱人一起度个蜜月，这趟旅途都不会让你失望。虽然水星的逆行会给你的日程安排带来一些意外的变动，但良好的星象能保证最终结果将是圆满的。若一直在攻读某门课程，或打算留学，本月也将顺利达成目标。在月底的日食影响下，你可能会接下一份新工作、获得一个新岗位，收入会也随之有所提升。

11月：

新的岗位、新的任务都有许多事等着完成，这是你今年最繁忙的时刻。由于分身乏术，可能难免让你的客户、家人、恋人有被怠慢被忽略的感觉。你的上司、相关审查部门近期会特别严苛，所以抱着得过且过的态度只会惹来更严重的后果。直到月底这种紧迫节奏才有所改善，小伙伴们正等着和你一起迎接节日季呢。

12月：

本月你将被浓浓的爱意包围着，眼下正值年底社交应酬旺季，你会收到一大堆请柬，邀请你参与各种活动。好好和各路人马搞好关系吧，因为土星在月底将进入射手座，如何扩大你的影响力、人脉，做好各道工作环节的磨合与协作，让更多人接受你，将是未来三年的主要课题。此时，也许不少人还有婚嫁喜讯要宣布，单身者也可以在这段社交季中找到合意的对象。

2014性格正能量

双鱼篇

Pisces

在梦与醒之间的夹缝中求生存

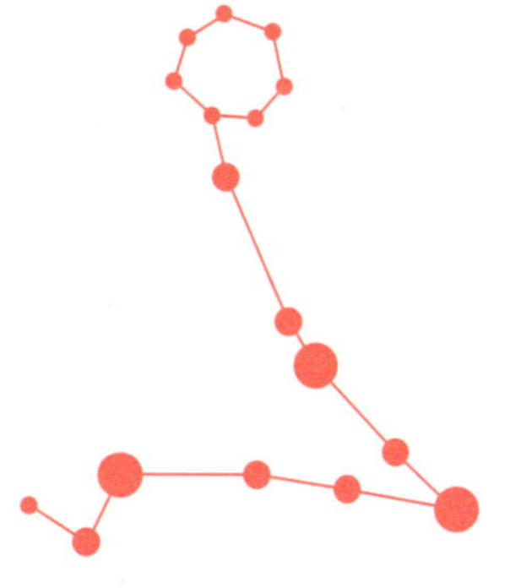

喜欢沉浸在自己美好梦想中的双鱼座会在2014年遭遇现实的拷问。前8个月紧锣密鼓的冲突星象的催促，令双鱼座人生活中的方方面面来了次硬着陆，迫使你不得不寻找更好地将梦想和浪漫在“现实”这个载体上实现的方式。9月之后，你所塑造的新生活将揭开面纱……

♓［事业篇］

解析双鱼座事业症结：
广袤的创造力和难把握重点的两面性

双鱼座是艺术人才的高产星座，因为它的守护星有两颗，一颗是象征梦幻、突破限制的海王星，另一颗是象征广而远的木星，所以双鱼座人喜欢想象，拥有无穷无尽的创意，大多数双鱼座从小就爱在闲暇时、课堂中神游天外，摸出小本子在上面写写画画，课本成了他们的涂鸦簿。于是各种文化、艺术、设计、玄学类的行业成了双鱼座人最活跃的舞台。

但作为世俗社会中的一员，他们自然也离不开柴米油盐，需要足够的金钱、地位才能保障良好的生活质量。因此除非双鱼座人出生在富豪或权贵之家，否则你们最大的课题就是如何将自己的创意和灵感运用于现实、而不是一味沉醉在美好的空中楼阁之中。俗话说“天才与疯子往往仅一线之隔”，这正是双鱼的写照，过度沉浸于自己的小世界而无法被世人理解，那么等待着你们的常是曲高和寡、叫好不叫座。

双鱼座人天性喜欢奉献、付出，也是个宽容的合作者或助理。你们心性敏感，容易被别人的态度刺伤，哪怕对方仅是无心之举，却同时又对脾气暴躁的共事者有着无穷容忍度。虽然双鱼喜欢诉苦，表达委屈，但很少有激烈的反抗行为，在象征着幸运的守护星木星照顾下，反而常会有周围人替你们出头打抱不平，反而给人一种工于心计、用装柔弱来博同情的感觉。

海王星的迷离和木星的无边无际特质使得双鱼在工作中与别人配合作业时常有抓不住重点的毛病，因而被贴上了“迷糊”的标签。你们更适合需要灵活多变但没有严格标准和细节要求的岗位和合作人。

双鱼能忍受火象星座人的心血来潮和暴脾气；和风象星座在一起可以激发你们彼此的灵感而共同进步，但你们这一组合缺少些贯彻和执行能力；与水象星座的同类之间容易理解彼此的情绪，但双方都天性敏感对龃龉不易释怀，会导致面和心不和，私下怨言不少；和土象星座恐怕是最格格不入的组合了，土象星座严谨刻板、就事论事、缺少情感安抚，双鱼很难获得他们的认可，因此委屈日益增强。而当双鱼成为发号施令者时，他们的宽容虽然令土象人很轻松，但目的性、条理不清的要求、反复无常的想法又会使土象人陷入严重的焦虑之中。

2014年双鱼座事业运：
把梦想接入地气，平衡兴趣与现实间的矛盾

从2013年6月底至2014年7月16日，象征庞大、丰富、无穷尽、乐观和好运的木星会一直待在巨蟹座里，这里是掌管双鱼座人兴趣爱好、灵感创意、表演能力的地方，也是木星能发挥其最大优势的所在。木星对你们而言是极其重要的一颗行星，因为它不仅守护着双鱼座，更是你们事业的象征星，所以显然，在2014年上半年，不少双鱼会考虑将自己的兴趣爱好发展成事业来做，或是一改往日做惯的工作模式，带入新的创意。

做自己喜欢的工作总是别有乐趣，特别是那些本身就从事文化创

作、设计、娱乐表演类行业的双鱼，这是你们端出好作品的丰收年。然而叫好和叫座却是两码事，2014 年 1 至 2 月，在你社交宫摩羯座内的太阳、水星、金星和冥王星持续与木星对冲，你那创新的工作模式、全新的作品尝试会招来截然相反的意见。大家觉得你的想法不靠谱且不具可行性，他们喜欢用保守但安全的老一套办法行事，并甚至会拿出些规章制度、惯例来迫你就范。

2014 年头两个月是相当难讨好、总是被别人念叨的一个时期。当你想轻松些和各种娱乐活动为伴来度过这个新年时，周围人对你的鞭策、各种赶进度的要求却会让你不得安闲。而当你真正想做些什么事时，又面临一片倒彩，陷入孤军作战的境地。

2 月底至 4 月初，太阳、水星和金星依次同象征梦幻、浪漫但也具有逃避性的海王星相合，并得到木星注入的乐观和减压力量。心境的改变将使之前的矛盾和纠结得到些缓解。这将使双鱼们做出截然不同的两种选择。有些人妥协于外界压力，干脆决定消极应对，寄情于自己的兴趣爱好、享受各种娱乐活动，这大大缓解了之前累积的压力与不快。也有的人决心遵从自己的心意，无视外界干扰的声音，一门心思实行自己的理想，并坚信能获得回报。

4 月中下旬对所有人而言都将是具有里程碑式的分水岭效应。一系列数年乃至数十年一遇的罕见星象都在短短 10 天内密集发生。这些星象对双鱼座人的考验主要体现在财务和资金的安全感和外界对此方面的影响上。这些世俗领域也恰恰是你们能力最欠缺、也最不喜欢面对的地方。

天王星、木星、火星和冥王星四颗重量级星体，在 4 月下半月将在空中形成互不妥协的正方十字形相位，它们分别占据其中一角，互不妥协地对峙着。近期各种突如其来的意料外开支让你的资金周转产生危机，同时付款的拖延、业务中的损失、收益不符合预期等情况更进一步使资金的困境加剧。事情并未就此完结，因为你得独自面对挑战，求助亲朋好友不仅难获得期望的帮助，甚至他们本身可能也是制造经济危机的因素之一。这些效应会延续至5月底，你的梦想在骨感的现实下摇摇欲坠。

与此同时，4月15日天秤座月食也参与到这组充满火药味的大十字相位之中，在4月中下旬，财务方面将有令你不快的消息出现，可能是某笔业务未能圆满结束、某项有利可图的合作被迫终止，甚至是你自己的健康状态力不从心导致任务一再搁置。无论是何种情况，总之在4、5月里发生的一切都是你未曾设想到的。所以为了保险起见，务必不要试图冒风险，尤其在资金方面，侥幸心理会让你在此时摔个大跟头。务必准备好备用方案或退路。

一成不变的生活会让人缺乏动力，因此这期间发生的所有这些事情都是为了驱使本就有些拖延、懒散习性的双鱼们离开往日习以为常的生活轨道，从内而外地做出一些改变来顺应时势，获得成长。4月29日的金牛座日食将在你的脑海中埋下一粒种子，随后的5月，当理想化的木星和现实的土星形成和谐互动时，你就将找到能协调理想与现实间矛盾的良方，之前寸步难行的局势也开始改观。

5、6两月，你需要好好放松一下，哪怕资金的危机仍然高悬在你头顶。既然你已尽了力，而焦虑又无济于事，何不让时间去解决这些问题？在压力之下，你已连续近半年在超负荷运转，你的体力被透支，可能健康也亮起了红灯。休整并做些体检吧，在7月中之前，请把自己调整到最佳状态，因为彼时风向将会改变，12年才能遇到一回的职场顺风车即将启程！

7月16日，带来好运和丰富机遇的木星将来到双鱼们的事业宫——

狮子座内，并会驻守上足足一年。在7月下半和整个8月，你之前所做的努力仿佛一夜之间纷纷开花结果，你在工作中的表现将吸引许多重要人物的关注，他们很乐意给你机会让你去尝试更重要的项目、为你的作品埋单、给予你应得的荣誉。

抓紧这段时机多表现吧，要是觉得目前所在公司一直未能给予你应有的认可，那么就该开始物色更好的去处了。在狮子座里的木星将双鱼惯有的顾虑、优柔寡断一扫而光，代之以满满的自信。未来一年就来场华丽的职场翻身仗来将之前的郁闷一扫而光吧。

在下半年，你最好从事各种能发挥你领导、管理才能的工作，或是一些能让你抛头露面的职位及活动，战胜你之前的低调和胆怯，别因为一些挑剔的评价而却步，尽情去凸显自我吧，星象支持你去大出风头。

最后一季度将是你一鸣惊人的时候，特别是10月和12月。职位提升、众人赞赏、人气爆棚……你一直等待着的认同来得如此迅猛，更别提随之而来的丰厚收益了。这是你苦尽甘来出人头地的时刻。

当你的事业进入更高层次之后，工作方面的要求也和以前大不相同。可能你会觉得自己以现有的技能应付新任务有些力不从心，你急需充电，精进技能。在11月从百忙之中抽点时间出来进一步钻研、开拓眼界吧，哪怕是去旅行、出差，都对你大有好处，有利于产生新的点子。别太计较一时半会儿的利益得失，增长的见闻、结交的新朋友、越来越大的行业知名度在相当长的时间里都会持续给你带来帮助。

[理财篇]

把脉双鱼座理财症结：
良好的直觉和错觉导致的冲动仅一线之隔

撇开每个双鱼座人具体的星盘配置不谈，被贴上“迷糊”标签的双鱼座和理财这种精细活似乎画不上等号，斤斤计较这种事更适合处女座来干。虽然由幸运木星守护的双鱼座，遵循自己的直觉进行投资时，常会误打误撞地赢得丰厚回报，然而这究竟是直觉还是错觉，在事先太难区分。加上随心所欲的购物习惯、并不算强的自制力，双鱼座人的财务状况往往是来得容易，去得也莫名其妙。

所以双鱼座人不应当孤注一掷地去冒风险投机，艺术、创意方面的天赋给你们带来了敏锐的美学嗅觉，去购买些有升职潜力的艺术品、投资文艺类项目、挖掘娱乐和文化圈大有前途的新人，或是像乔布斯那样为产品设计独特新颖的造型与界面，这些都是双鱼提高自己财力的最佳途径。

在创业与业务经营中，你们最好找个靠谱又理性、值得信赖的合作伙伴，对方的冷静正好和“跟着感觉走”的你们互补，从而降低风险。

2014年双鱼座财运：
急于求成不如等待一分耕耘一分收获

“投入就有回报”这句话对2014年的双鱼并不完全适用，这一年的财运倒更可能是“投入却打了水漂”。象征意外变动和不稳定的天王星将在你财帛宫内逗留上几年，一夜暴富或是转瞬间血本无归都有可能发生。然而从 2013 年 12 月起至 2014 年 7 月，掌管你资金和收入的火星将一反常态地在天秤座内待上 8 个月之久，在该阶段资金将以势不可当的劲头往外流。所以别指望搞什么短期就可以看到收益的投资，投入的资金十有八九会落得打水漂的下场。

在 4、5 月时，看似将出现些贵人运，例如朋友给你指的财路，或是本来就从事赚取佣金、提成类收入的职业之人，在此时业务量将有个突然的提升，见好就收别过度乐观，因为今年想赚大钱可不容易。合作人的变故，或你在恋爱或生儿育女方面的压力，会使这些商机带来的收益转瞬间化为乌有。

在急躁、冲动的火星影响下，你很难做到捂紧口袋，与其冲动投资和消费，倒不如因势利导，将钱花在更有意义的地方。例如通过学习、文化和旅行充实自己，也可以购买或租赁套新的住所换个地方生活，给人生一个全新的起点。

7 月底开始，火星会离开天秤，到它自己守护的领地天蝎座内，而此时幸运的木星也同时来到你的工作宫，若你之前已经在上述领域做了积极的准备，有足够的资本去胜任工作中出现的机会、担任重要的职务，那么曙光就在不远处等着你。

8、9 两月，你的商机来自一切和文化、传媒、高新技术、异域、奢侈品相关的行业，而文化和传媒业恰恰是你们双鱼座的强项。在 11 和 12 月，暴涨的人气促进了业绩，随后更推动事业进一步提升，为你的 2014 年画上圆满的句号。

[爱情篇]

写给双鱼座的情感私房话：
包容和适应性需要内心的强大来支持

双鱼座人在情场上的表现就和他们的星座符号——两条相背的鱼一样，有着完全相反的评价。他们是最易获得异性好感的星座，却在同性中口碑极差。

双鱼并不像摩羯那样，不管是恋爱还是工作，都打从一开始就有明确的方向和目标，不想浪费时间在计划外的人和事上。无论男女，双鱼都有着当今这个浮躁、快节奏的社会中渐趋式微的温柔，不知不觉中就打动了周围人的心。然而作为水象星座，又受仁慈的木星、迷幻的海王星守护，双鱼在处理感情问题时难免容易心软，有时甚至他们自己都无法确定心意，常做出拒绝完对方又挽回的反复举动。这种“一切都有可能”的不坚决态度，会让人觉得只要努力，对方就总有一天会被感动。这是一把双刃剑，既令双鱼比其他星座更易招惹桃花，又让旁观者觉得他们纯粹自作自受，还故作纠结状博同情。

作为适应性极强的变动星座，你们有着遇强则弱、遇弱反强的习性，制造了一出出的虐恋。当身边人好脾气又易相处时，因为缺乏安全感，双鱼喜欢设想种种情况，为自己带来无谓的担心，让身边人摸不着头脑还觉得对方不够爱你、了解你。然而当遇到糟糕的另一半时，你们的适应性又变成无底线的容忍、退而求其次。这样的你，一开始还会博得同情，久而久之会令人怒其不争。

因此，真正成熟、世故的双鱼在情场上可说是无敌的，是最可怕的情敌。此时的你们能轻易表现出的温柔、浪漫、细腻敏感（哪怕仅是表象），是情场中备受欢迎的特质，同时又能保持内心的强大、独立，拿得起放得下，给自己设置好付出的底线。爱情对你们而言将是最美好的享受。

2014年双鱼座爱情运：面对浪漫回归现实时的尴尬

很多单身的双鱼也许正期盼着在 2014 年能有段浪漫而美好的恋情，吉利的木星 12 年以来首度来到你的爱情与子女宫巨蟹座内，使你的这些愿望成真，已有伴侣的双鱼在今年也很有可能升级为人父母，或是从子女的身上获得更多满足感。

刚进入这个新年，1 月将是旧友回归的时期。曾经错过的爱，在此时又将死灰复燃。或是和某位已长久不联络的旧友重新接上了头。多去参加老朋友们的聚会，没准真爱就在其中。2、3 月，木星同你们双鱼座内象征浪漫唯美的海王星发生友好互动，此时是这一年里最和谐的时期，很多双鱼将被爱意所围绕，对未来满是美好设想。职场是你最有可能结识新人的地方，同事间的联谊活动、热情的牵线搭桥、校园里的日久生情，爱之花就在你身边，你只需要有颗敏感的心去发现，并积极做出回应。

然而今年你的情感课题恰恰是在找到了爱之后，如何让这段爱在现实的土壤中生根并成长下去。4 月，由于火星和天王星各自与木星对立相持不下，爱是甜蜜，更是负担。当爱情走向婚姻，双方的家庭条件、收入状况都将被纳入考量。你所爱之人也许并不被周围人看好，认为你们俩不相配，若是遵从他人目光去做选择，你又无法骗过自己的感觉。

无论你的感情处在何种阶段，不容乐观的经济压力都将令爱意褪色，在你们俩之间制造重重矛盾。

令事态变本加厉的时期是在4月前后，届时将有一笔庞大开支等着你。即便你原本量入为处，将经济状况盘算得好好的，计划也赶不上变化。可能是曾经的某项投资失败，或是婚恋和生育因素导致的必要支出，比起单身自在的生活，你觉得生活质量严重下降，而对方的情况也好不到哪里去。互相埋怨将取代甜言蜜语成为感情生活的主旋律。

水星和海王星的逆行奏响6月回忆的主旋律，有人旧情复燃，也有人新仇旧恨涌上心头。请多追忆美好的往昔，眼下的兵荒马乱不应该是生活的本来模样。情侣间切忌翻旧账，把一些无关原则的矛盾、无法改变的现状拿出来争论谁是谁非。若发现某位旧人仍然在你心头萦绕，那就试着去联系对方，无论其结果是实现梦想还是被迫从梦中惊醒，都是迎接新阶段生活的上佳契机。

上半年步步进逼的形势将在7月画上句号，这是交出答卷的时刻。会有不少情侣在此时最终还是选择了分道扬镳，一直单身的双鱼们也许反而庆幸自己没有卷入星象的旋涡之中，本无所有，便不怕失去。若感情已令你疲惫，暂时休战是个好选择，因为从8月开始，事业的蓬勃发展将吸引你大部分注意力，使你没时间伤春悲秋。“不折腾”就是一剂最好的情感疗伤药。

事业上的起色一定程度上解决了之前的财务危机，9月，你们适合坐下来好好谈谈，一起旅行重温蜜月时的美好，缓和之前剑拔弩张的关系。在本年度剩下的时间里感情变得平淡。如果仍是单身，可尝试外出旅行、网上交友，最后两个月是你的社交旺季，走出门去让更多的人认识你，给未来制造更多可能性。

2014每月性格正能量——双鱼篇

1月：

你手头的大部分任务已经完成，所以会更关注怎样让日子过得更有意思。你已厌倦日复一日的机械式单调作业，更希望能有些发挥新鲜创意的空间。然而你的灵感也许一时之间难以获得众人认可。在整个上半年都须警惕冲动购物的倾向，你自己或家人的突发疾病也会令你破费不少。感情上可能会出现强劲情敌，也许你认为很有发展潜力的对象只把你当作普通朋友。

2月：

你或许有些过度宽容的倾向，无论是对爱人，或是你周围的同事、亲朋好友，你仿佛都有着无限的耐心去包容他们的错误。但注意可别被有心人利用了你的好心，特别是在感情上，你的妥协未必能换来对方的感激。下半月适合为自己留出些清静的独处空间，或参加瑜伽班，好让自己的身心恢复到最佳状态。

3月：

由于之前几个月开支的猛增，眼下你也许正对着一堆待付账单发愁。然而火星在天秤座内的逆行会让你的收入很难再进一步，使你的财政状况更显紧张。这段时间适合温习过去所学知识，发挥自己的灵感来创作更好的作品。3 月的最后一周将是一段浪漫时光，好好把握它来促进你和爱人之间的关系吧。

4月：

谈情说爱、生儿育女、事业投资、增长见闻，这些事处处都需要钱，该情况在 4 月再度达到顶峰，并在未来几个月内也不会有明显改善，因而得注意资金周转问题。此阶段对从事文化、艺术行业的双鱼们相当有利，星象将激发你们的创意，并超常发挥创作出更好的作品。在健康方面，要小心饮食不慎或消化系统疾病。

5月：

通过亲子互动、和三五好友聚会闲谈、恋人间的互相关怀，你会感受到自己被爱包围着。你在理财决策、购物上有些冲动倾向，所以避免和人发生借贷关系，做出重大财务、投资方面决定，也不宜和恋人讨论经济问题，以免不欢而散。

6月：

本月你的辨别力和表达交流能力都十分突出，即便再固执的人都会被你打动。你也相当有雅兴，会心血来潮地去看一些演出、艺术展览、文化活动，或在家中与喜欢的影视、音乐等文艺作品相伴。在月底请小心突发性身体不适或意外伤害。

7月：

在上半月，你的家庭气氛相当和谐，若正遇到难关，家人会毫不犹豫地站在你这边。有些双鱼在此时正物色新居，或想把住所装扮得更美观舒适，如今正是时候。房产贷款也能顺利地申请下来。下半月将迎来一段浪漫温馨的时光，爱人或孩子能带给你幸福满足感。若是单身，也许眼下正处在令你心跳的暧昧期。

8月：

刚进入狮子座不久的木星将在未来一年里为你的工作持续带来好运。你的领导力将有机会得到充分发挥，可能会升职成为主管，或成为一些重要项目的主要负责人。在上半月，你会有意外的财运，或加薪的申请获得批准。但木星也会加重你的好吃懒做倾向，得小心发胖。

9月：

你的合作方或伴侣可能表现得有些挑剔，爱斤斤计较，其实他们吃软不吃硬，用缓和些的手段解决问题效果会更好。下半月当火星进入射手座后，你的工作安排逐渐吃重起来，有不少临时突然加进来的紧急任务需要完成，所以尽量在之前就把手头事务处理好，空出时间来以便随时应变。

10月：

财务状况在本月会得到极大改善。你的业绩十分出色，因此将获得不少回报和奖励。若正在为资金问题发愁，那很快就能得到解决。无论是向亲朋好友请求帮助，还是申请贷款、吸纳投资，别人都很乐意助你一臂之力。在上半月，或许会收到升职加薪的喜讯。若正打算找工作，尽管提出你的要求吧，会得到满足的。

11月:

本月的任务可并不轻松。在 11 月上中旬，你可能接到出差的通知，或正为攻克某个学习目标、完成某个创作计划而埋头苦干。在完成这些任务之后，月底工作量也开始多起来。无论工作还是个人生活中都有不少应酬、聚会等着你，准备好应付各种由此而来的意外开支吧。

12月:

年末冲刺的时候到了，你就像一个十项全能选手一样，不管是文书类工作、统筹管理、还是和各相关人员应酬送礼、联络感情，这些任务都一起交到了你的手上。你的表现会直接关系到你的年终奖金和薪酬考核，好在木星和天王星的影响确保你付出的辛劳绝不会白费，也许在上半月你就能看到回报。24 日土星进入射手座，意味着未来三年，你要么会肩负重任、忙个不停，要么就是遇到重重阻力，难以前进。这完全取决于你过去几年的表现是否为自己筑下了牢固的事业基础。

附录

2014年重要提示

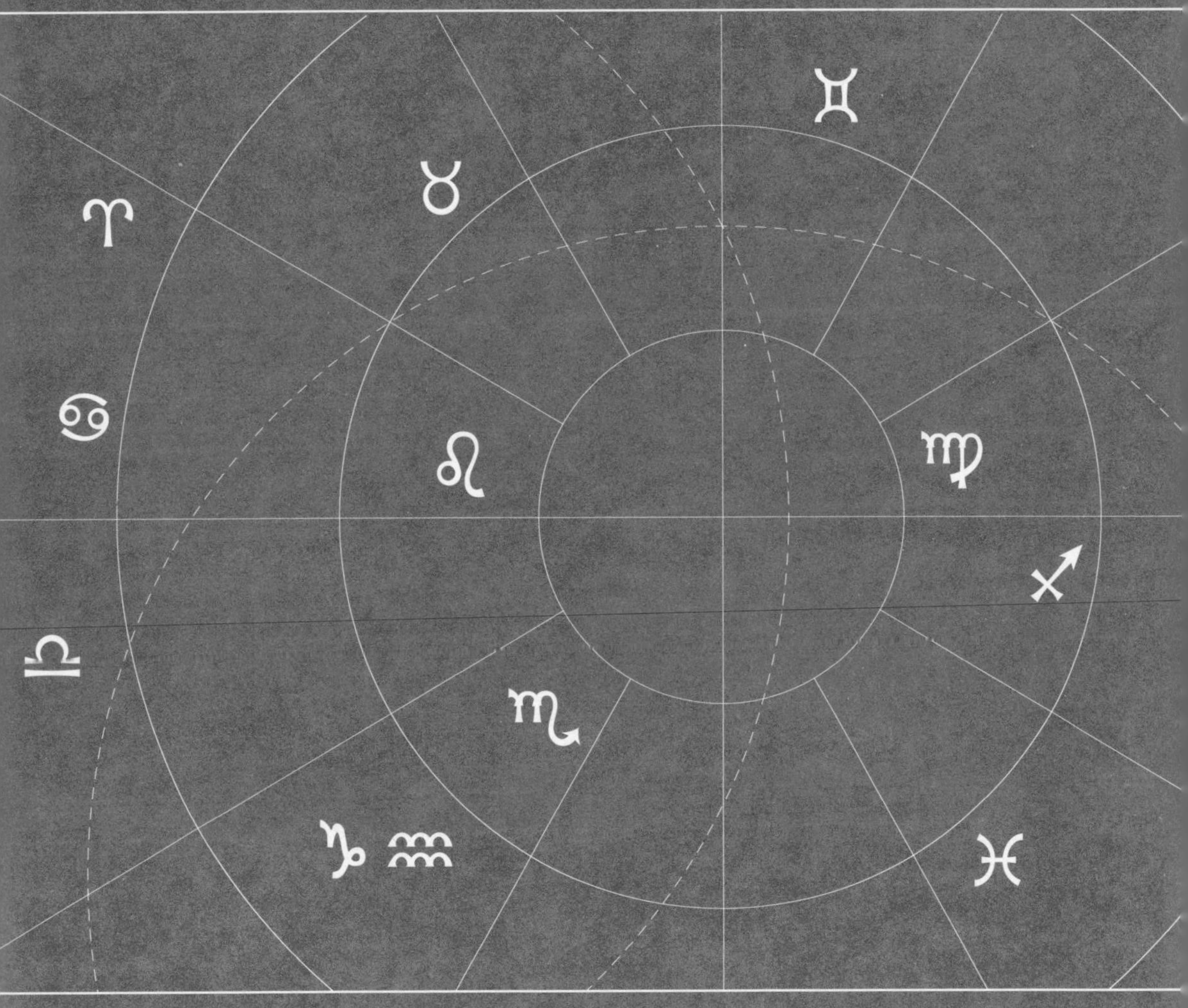

[行星逆行的影响]

除了太阳和月亮之外，其他行星（水、金、火、木、土、天、海、冥）都会逆行。并不是行星真的在后退，而是在那段时间里，以地球为视角观察行星的运动时，“看上去”它们像是在天空中后退一般。就像是两辆并排前行的列车，当你站在行驶速度较快的车上观察另一辆车时，看上去仿佛那辆车正在倒退。

各个行星逆行周期都有一定规律：

水星每年大约会有 3~4 次逆行，每次持续约 3 周；

金星约每 18~19 个月逆行一次，每次持续约 1 个半月；

火星每两年约逆行 2 个半月不到的时间；

从木星至冥王星（木、土、天、海、冥）每年都会逆行，每次逆行 4~5 个月。

当行星逆行时，它会以和往常不同的形式发挥其影响，常常先是在内部做出变动，在它的影响表露于外之前，会首先作用于心理层面。

行星顺行和逆行交界期的前后几天的行星停滞期，往往是感受最强烈的时候。

2014年各行星逆行时间表

时间	星象事件
2013 年 12 月 22 日 05:54 至 2014 年 2 月 1 日 04:48	金星逆行（摩羯28度–摩羯13度）
2014 年 2 月 7 日 05:43 至 2014 年 2 月 28 日 22:00	水星逆行（双鱼3度–水瓶18度）
2014 年 3 月 2 日 00:23 至 2014 年 5 月 20 日 09:31	火星逆行（天秤27度–天秤9度）
2014 年 3 月 3 日 00:19 至 2014 年 7 月 21 日 04:35	土星逆行（天蝎23度–天蝎16度）
2013 年 11 月 7 日 13:03 至 2014 年 3 月 6 日 18:42	木星逆行（巨蟹20度–巨蟹10度）
2014 年 4 月 15 日 07:47 至 2014 年 9 月 23 日 08:35	冥王星逆行（摩羯13度–摩羯10度）
2014 年 6 月 7 日 19:56 至 2014 年 7 月 1 日 20:49	水星逆行（巨蟹3度–双子24度）
2014 年 6 月 10 日 03:49 至 2014 年 11 月 16 日 15:05	海王星逆行（双鱼7度–双鱼4度）
2014 年 7 月 22 日 10:52 至 2014 年 12 月 22 日 06:44	天王星逆行（白羊16度–白羊12度）
2014 年 10 月 5 日 01:02 至 2014 年 10 月 26 日 03:16	水星逆行（天蝎2度–天秤16度）
2014 年 12 月 9 日 04:41 至 2015 年 4 月 9 日 00:56	木星逆行（狮子22度–狮子12度）

水星逆行

水星是颗具有“流动”性质的行星，所以它掌管我们的思维、交流表达、交通、通信、信息，也和各种运动着的零部件有关系。水星逆行在一年里要发生3~4次，每次约3周，所以对我们生活的影响更为明显。

当水星逆行时，它所掌管的那些领域都容易出现意外变动。比如交通或物流的延误、改期，交通工具恰好在此时发生故障，交通事故的发生频率上升。手机、电子产品、各种仪器电器的零部件易出现问题，不得不维修或更换。人们的思维、交流和表达能力也会频频出现状况，口误笔误明显增多，决定和承诺的事反反复复，和别人交流时总是彼此都无法清晰地明白对方意思，电邮或短信发错了人，就连新闻播报也可能出现错误甚至有假新闻假消息满天飞……

所以在水星逆行时，最好把日程安排腾出点余地，以应对意外变动。电子文档也做好备份，避免因为电脑损坏而使心血白费。对容易有歧义的谈话内容请再三确认，以保证双方没有产生误会。尽可能减少大宗物品的购买，特别是交通工具、电子设备等，因为不仅在购买或运输中容易发生意外，就连商品本身质量出问题的概率也比平时高得多。此时签署的协议和口头承诺在日后同样易发生变动。

在如此混乱频发的水星逆行阶段，更适合做些整理、回顾、反思的事。例如复习下学过的各种知识技能，清理下家中各种杂物并将旧物丢弃，独处冥想和灵修，给自己的精神和心灵充电……

受水星逆行影响最大的当属水星守护的处女座和双子座，除了上述状况特别容易发生在你们身上之外，也得小心自己无意说的话做的事成为了一场风波的导火索，所以务必少开口，多思考。

金星逆行

金星是颗象征爱与美的行星，所以它和我们的人际关系、外形、审美品位以及金钱、财务状况、美丽的东西、艺术相关，例如珠宝首饰、化妆品、服饰鞋帽、美食等。

当金星逆行时，我们会重新评估各种人际关系，包括友情、爱情、商业合作、社交模式等，认清自己的关系中究竟需要什么，又存在着什么问题，有哪些地方需要改变。很多人认为金星逆行时会导致旧爱回归，然而这其实仅是诸多可能性中的一种而已。经过重新审视自己的心意和关系之后，有些人的确会怀念昔日的美好。但也可能恰恰相反的是，当对感情有了清晰的认识后，对不适合自己的关系便不再执着。

金星逆行也会导致人们在此阶段审美品位、价值观出现和平时不同的想法。所以在此阶段如果所做的一些“让自己变得更美”的行为，可能日后当金星恢复顺行后，会大大诧异于自己在当时所做的选择。例如购买了并不喜欢的服装和首饰，尝试了一款让人大跌眼镜的妆容等。这阶段显然也不适合去做整容手术。人们的价值观、理财思路的变化会让金融市场也出现强烈波动，所以也不利于做出重大的财务决策。

由金星守护的金牛和天秤座受金星逆行影响最为直接。2014年的金星逆行发生在摩羯座内，使得摩羯们也首当其冲地成为受主要影响的群体之一。

火星逆行

火星的含义涉及驱动力、行动力、生命力、性欲、勇气、果断、愤怒、暴力、冲突，所以如此精力充沛的一颗星，比起其他行星来更容易引发事端。火星的逆行常会制造不少因为草率、冲动、愤怒情绪而导致的事端，也是事故高发时期，需要格外留神。

当火星逆行时，首先我们的精力和能量会开始低落，或是有种无法顺畅地向外宣泄的感觉。任务的进展会开始变得缓慢甚至陷入僵局，逆行的火星让我们的动力在内部积压，导致焦虑、急躁，然而因为进展的延迟或受到阻碍，这股焦急情绪会使压力递增，随后反而易造成更冲动、草率的行为。

因此，在火星逆行时，如何处理自己内心的愤怒、焦虑、挫折感是个重要课题。是郁结在心里任其溃烂，还是管他三七二十一，先爆发出来宣泄一番？往往火星逆行时，各种事故、冲突，甚至犯罪都进入高发期，尤其本命盘里火星逆行的人更是需要小心。

受火星逆行影响最大的自然是由火星守护的白羊座和天蝎座。2013年12月至2014年7月底，火星有足足8个月时间待在天秤座内，一向不喜欢当面冲突的天秤座人也容易成为各种人际矛盾和意外伤害的主角。

木星逆行

木星是占星术中第一大吉星，它象征着扩张、远方、丰富、富饶、轻松、乐观、高等教育（也包括心理学、宗教、玄学）。

顺行的木星会让我们关注向外扩张，例如去远方旅行、生活，扩大自己的市场占有份额、管辖范围、拥有的财富等。而当木星逆行时，向外开拓的进展和成果会变得缓慢甚至受到些阻碍，木星的扩张性会转而向内，适合做一些能让我们的内心更丰富的事。例如学习和巩固知识，通过反思和总结来让自己的心性获得成长，也可以开始一些减肥、节食计划。

2014年头几个月，木星在巨蟹内逆行，它的影响更多会体现在情绪和安全感层面上。通过对过往的回忆和总结，我们将反思自己究竟需要怎样才能获得安全感，导致情绪不安的内在根源又是什么。在12月，木星将在狮子座内逆行，它会启发我们去思考怎样能让自己内心强大，发自内心的自信起来，而不是通过如工作、金钱、房子、伴侣等外物增强自己的自信感。

由木星守护的射手和双鱼座受木星逆行影响最大。在2014年木星会在巨蟹和狮子座内逆行，使这两星座人同样能强烈感受到逆行的效应。

土星逆行

土星代表着责任、负担、现实、阻力、规则、传统，它像个严苛的导师，审视着人们的各种功课是否学得扎实牢固，并通过设置重重考验和压力来确保最终磨炼出货真价实的人才和成果。土星也象征权威人物或机构，土地和资源。

当土星逆行时，我们的脚步要放缓，绝不能仓促、激进行事，也别指望凡事能轻松就取得立竿见影的效果，因为土星的严苛和现实性会使种种不足之处暴露出来，逼迫你不得不重新规划整顿，一步一个脚印地踏实做事。因此，土星逆行阶段应用客观、理性、现实的视角，来将公司或团队内部结构、手头的项目仔细整理一番，检查潜伏着的各种问题，好让工作流程更顺畅。同时审视下自己的目标是否切合实际，各种资源该如何充分利用。需要注意下和上司、导师、长辈、政府机关工作人员等各种权威人物相处的情况，他们可能会以更严格的标准来审核你。

土星守护着摩羯和水瓶这两个星座，因此土星逆行对这两个星座的影响一直是最直接的。在 2014 年几乎一整年时间里，土星一直在天蝎座内，因此在今年天蝎也属于受其影响的主要范围之一。

天王星逆行

天王星象征着独立、自由、变革、反传统，所以当它逆行时，人们内心的变革意识将空前强烈，甚至有些武断和小题大做的倾向。然而在这期间，又常常会因为外界的一些束缚而无法肆意宣泄这股欲望，同时人们也会对自己为什么会产生这种念头的根源感兴趣，想去进一步地挖掘自己内心的动机。于是这些叛逆感、革新意识和追求独立与自由的渴望会在逆行期间被逐渐累积起来，一旦到了天王星恢复顺行时，会以更强大的形式和威力爆发出来，造成颠覆性的影响。特别是当天王星在本身就冲动、激进的白羊座内时，这种表现会更突出，不惜以极端方式来摧毁那些阻挡它进行变革的障碍。

由于天王星也和电、磁相关，又代表着科技，因此在天王逆行期间，诸如电子、电器、电磁设备等科技产品也容易发生故障，特别是在逆行和顺行交界前后几天的停滞期中。

天王星的逆行对由它守护的水瓶座人影响最大。此外由于从2011年3月至2019年3月，天王星几乎都在白羊座内（除2018年5月15日至11月7日天王星会暂时进入金牛座），因此在这期间白羊座人也会感受到明显效应。

海王星逆行

海王星是颗神秘的行星，它象征模糊、朦胧、幻想、混乱，会带给人暧昧而又梦幻般的感觉，如同将所有事物表面蒙上了一层薄纱一样。因此它也和灵性、玄学、艺术、创意等息息相关。

当海王星逆行时，更容易让人产生迷茫的感觉；造成药物或酒精、毒品的依赖、成瘾；无法清晰地去觉察各种细枝末节以客观看待事物；容易造成情绪上的失落感，沉迷在一些回忆和想象中无法自拔；在做事时错误频出，甚至因为海王星的模糊感导致观察敏锐度下降而受到欺骗。海王星也和水有关，所以在它逆行时得小心水资源污染、水灾。

我们也可以让这股混乱而又模糊的逆行能量发挥积极作用。在海王星逆行时，可以潜心去从事些艺术、文化方面的学习和创作，也可以多探究下玄学、宗教、心理学等形而上的领域，或是多抽些时间放空休息，进行冥想。

受海王星逆行影响最大的自然是由它守护的双鱼座，更何况从 2012 年初至 2025 年，海王星将一直在双鱼座内，这会更有助于海王星发挥其本身特质。

冥王星逆行

冥王星象征毁灭后的重生、死亡、极端、执念。它喜欢探究事物的根源，掌管着我们灵魂深层的潜意识。所以冥王星带来的欲望常常扎根在我们内心深处，它也能看破表象直达事物本质。由冥王星带来的重生，往往是先经历彻底摧毁的痛苦，而后再品尝重生进入一个更好境界的喜乐。

当冥王星逆行时，这种重生将是由内而外的。人们会进行一些自我审视、自我批评，通过回顾往事，梳理内心，并挖掘各种问题的核心关键，来找出究竟哪些地方需要来一次更新换代，哪些人或事不再适合新